いちばんじゃなくて、いいんだね。

松野明美

アスコム

両親といっしょの記念写真。父親に抱っこされている私。小学校５年生までは、内気な性格で、いじめられっ子でした。

高校卒業後、就職し陸上部に所属。練習をしながら、宝石売り場で働きました。私ががんばることで両親が喜んでくれる。それが走る目的でした。

小学校のころの私。５年生で出場させられた町内陸上大会で優勝！　そのときの両親の笑顔がきっかけで走ることに熱中(写真右)。

マラソンでは、いちばんじゃなければ価値がない、いちばん以外はビリと同じ。とにかく全力で走り、ゴールに飛び込んだあとは、倒れてもいい、死んでもいい、と思っていました。

日刊スポーツ

スーパーガール現る

区間10°32分17秒

松野 日本最高

明美が明美を抜いた

公認は七嵐さんの33分20秒だけど…

さあソウルは一万

12人ごぼう抜き

初めて出場した全日本実業団対抗女子駅伝大会で12人をゴボウ抜き！（日刊スポーツ1987年12月14日付）

ソウル・オリンピック出場。身長148cmという小さな体では勝てない、と人の２倍練習し、それでも勝てないと、3倍、4倍の練習を毎日しました。

結婚式で撮った記念の1枚。何事にもがんばりすぎてしまう私は、一目惚れした夫に猛アタック。結婚した翌年、長男の輝仁（きらと）を授かりました。

長男を産んで半年もたたないころ、2人目を妊娠。次男・健太郎の母子健康手帳に、当時の心境などを細かく記しました。

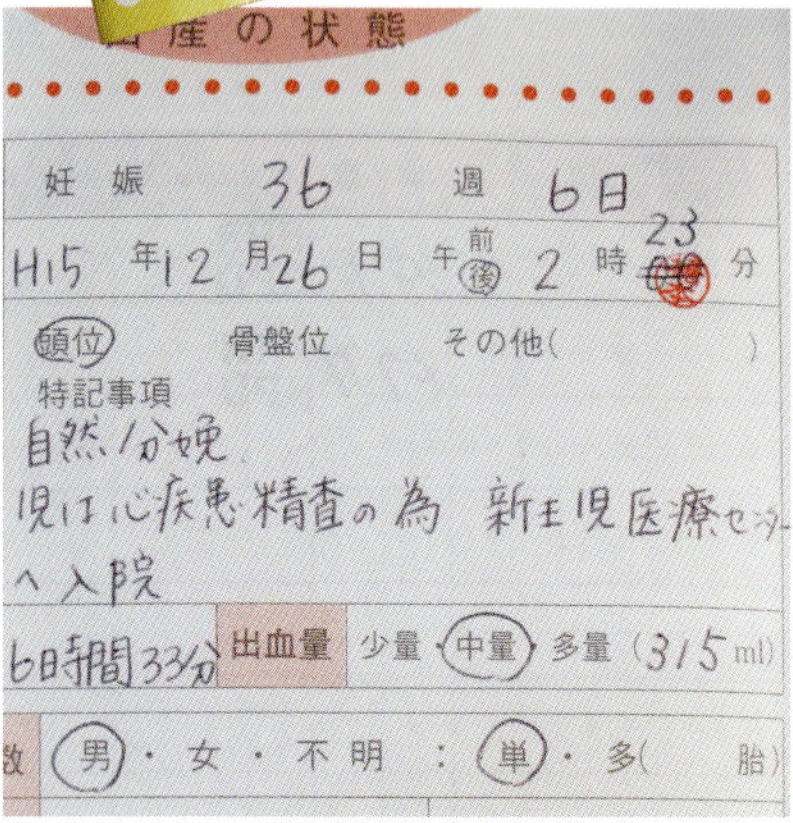

生まれてきた健太郎は、あさ黒い肌の色。しかも体がやわらかすぎて、抱っこできません。すぐに私の手から引き離され、集中治療室へ。

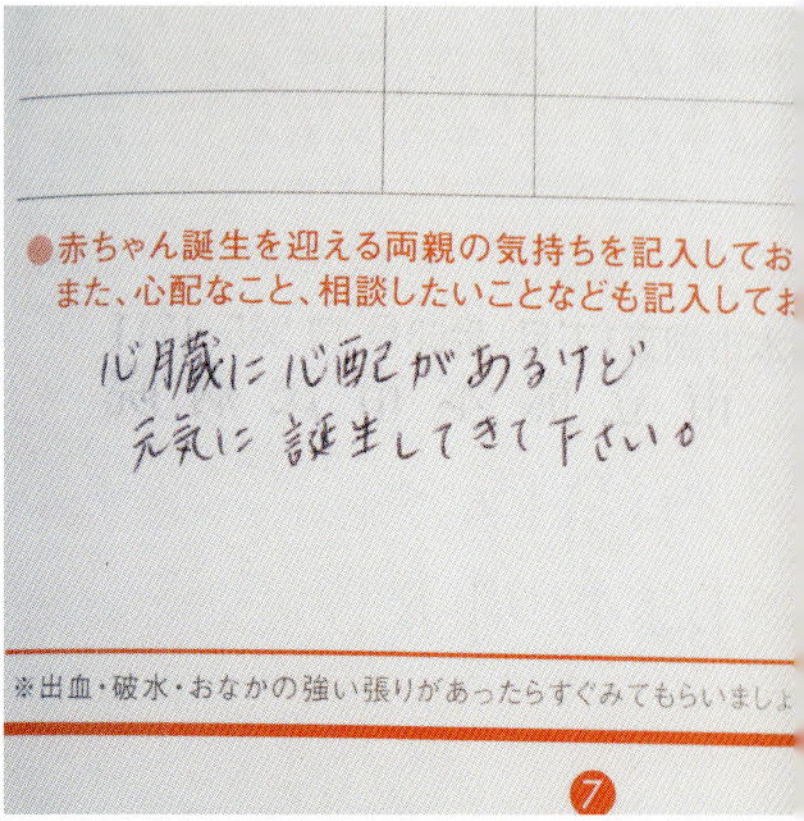

医師に「心臓に欠陥があるかもしれない」と言われましたが、健康体の私から病弱の子どもが生まれるはずはない、と信じていました。

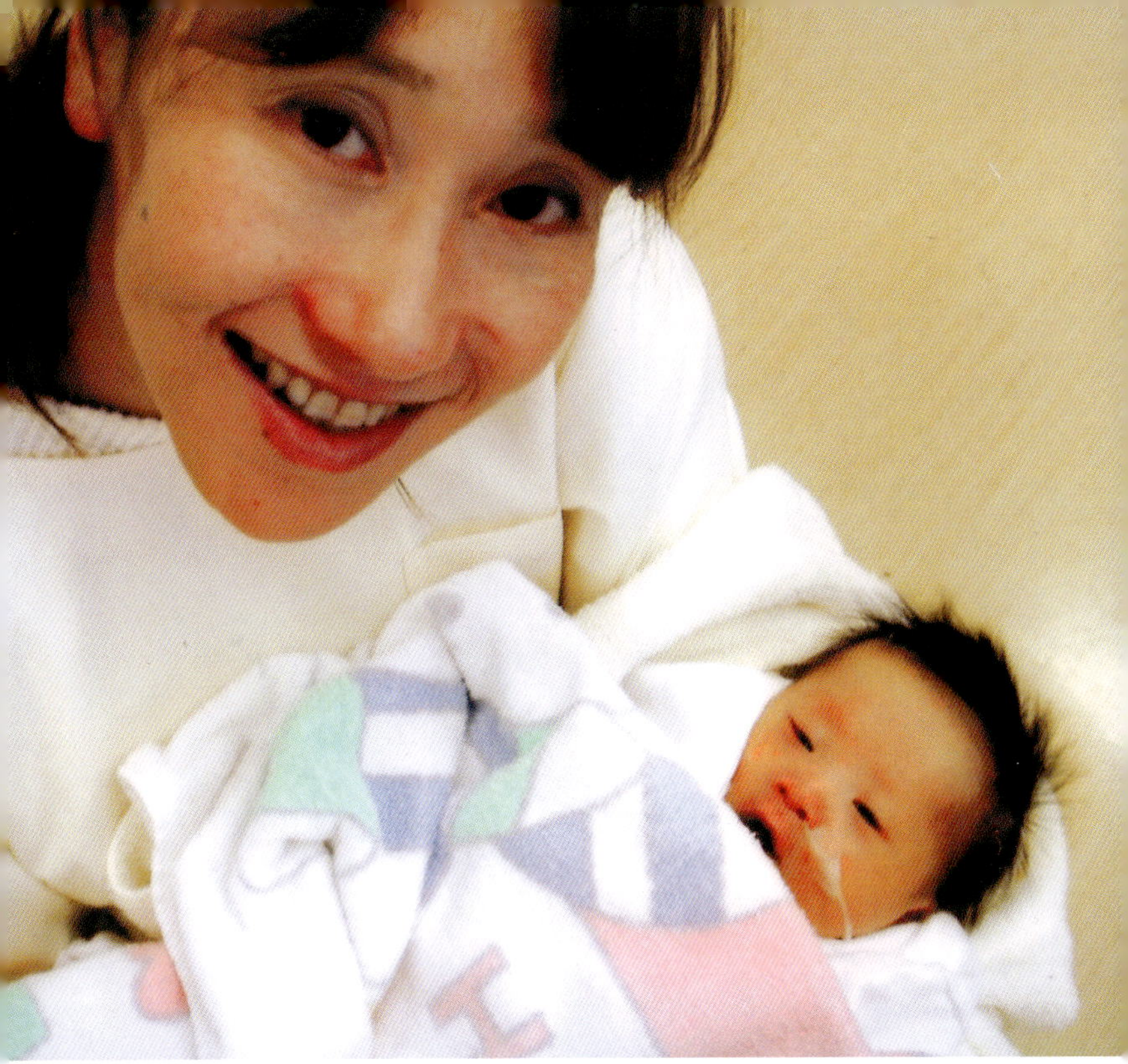

鼻にチューブが入れられ、そこから母乳を少しずつ注入する日々。いつも泣きながら、自分で母乳をしぼってパックに保存しました。幼いわが子は、おっぱいから母乳を吸う力すら神様から与えられていなかったのです。このころ、毎日泣いていたので、私の目も鼻も真っ赤になっています。

阿蘇へ家族旅行。明るい松野明美のイメージが崩れてしまうと思い、障がいをもつ健太郎をいつも隠していました。

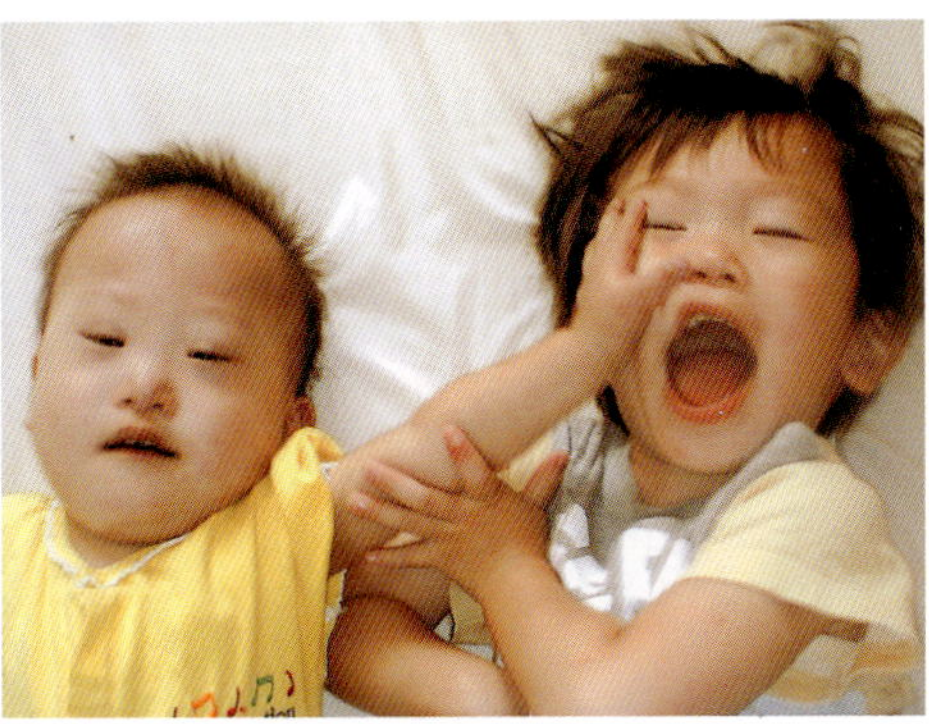

いっしょに遊ぶ輝仁と健太郎。重い心臓病は、ダウン症の合併症でした。少しでも健康になってほしいという願いを込め、わが子の名前に健康の「健」の字を入れました。

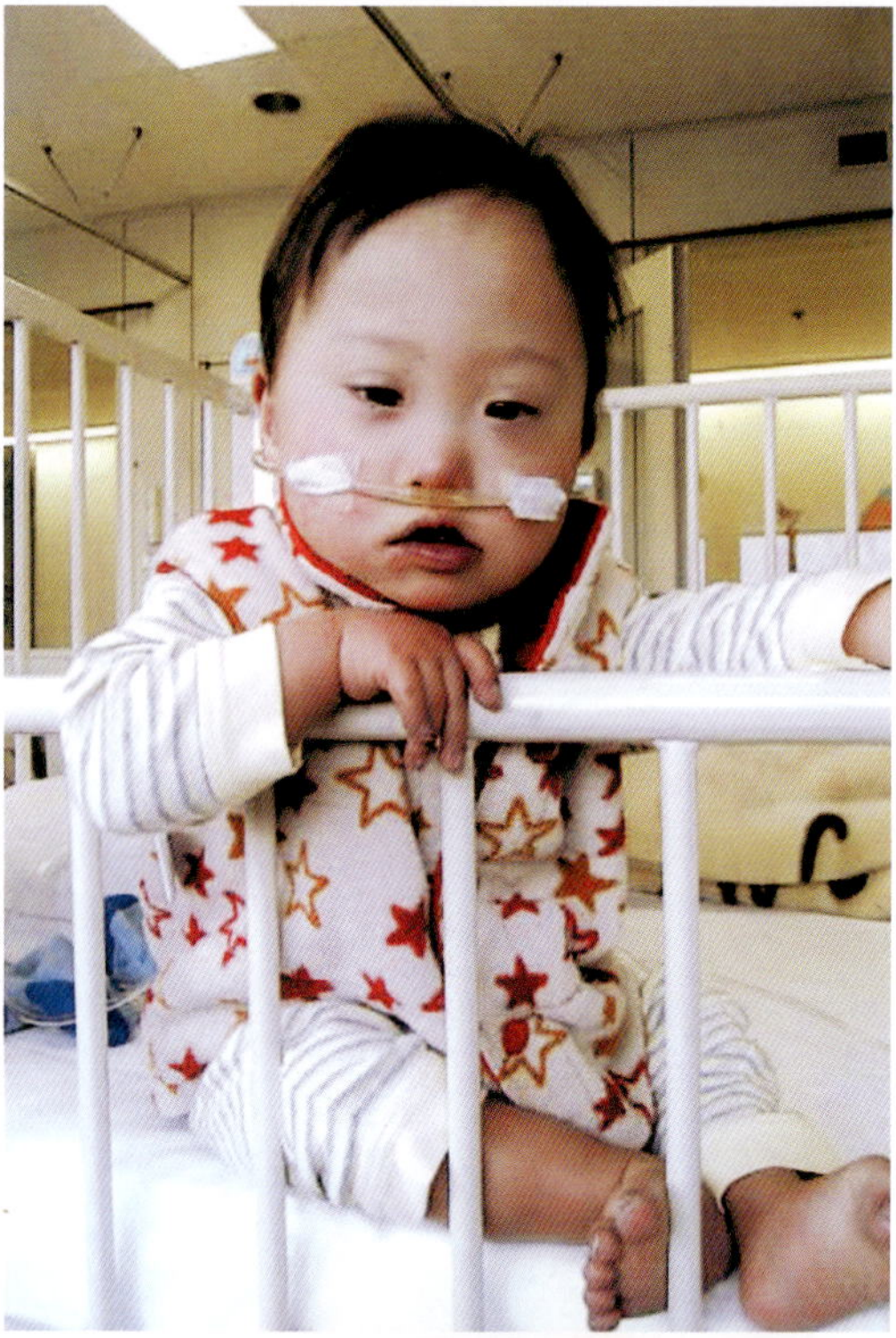

心臓の手術直前。２歳４カ月。心臓の欠陥で、常に体に酸素が足りない状態でした。そのため、手足はどす黒く、パンパンにはれ上がり、唇はいつも紫色。呼吸が苦しくて肩で息をしていました。

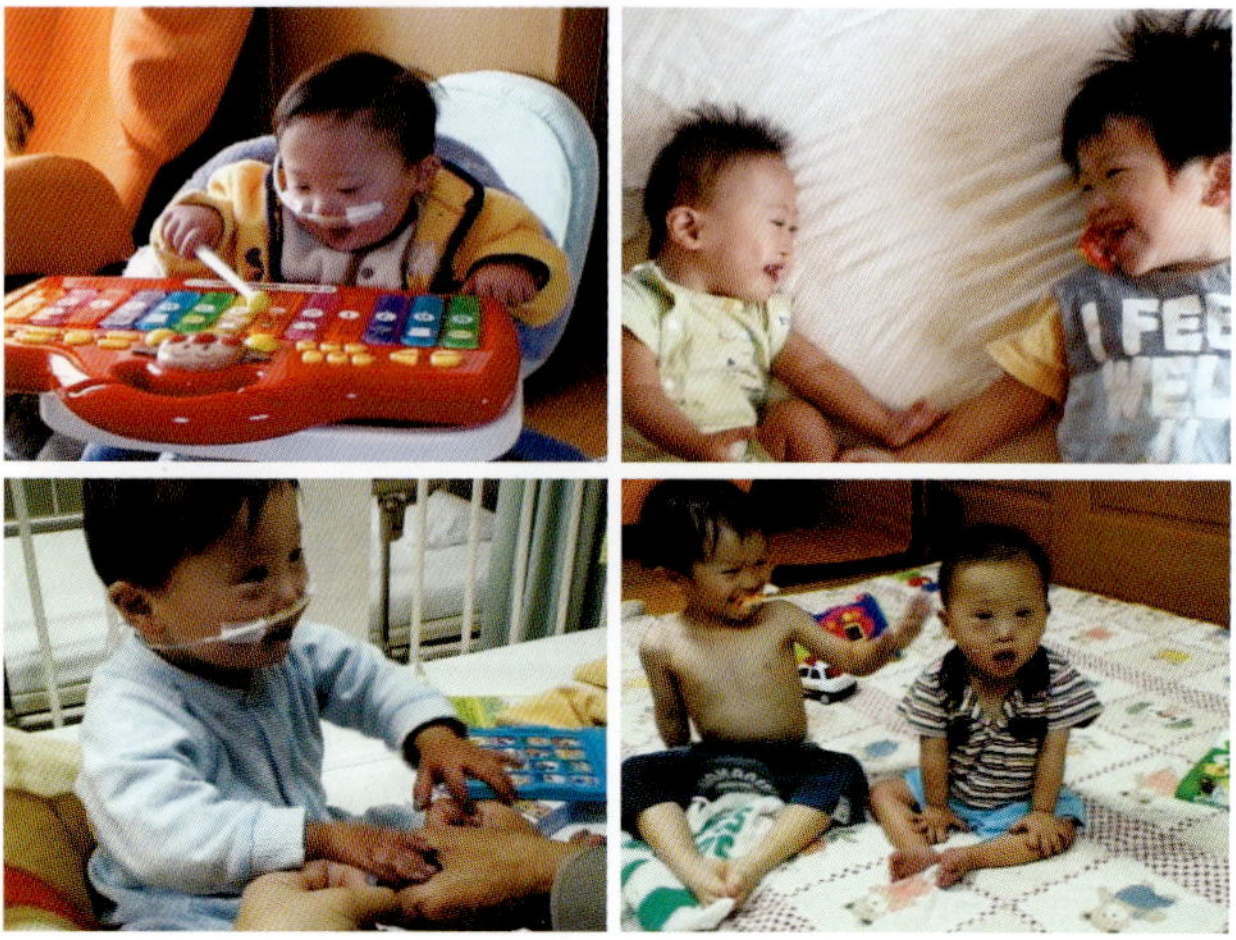

夫はいつもホームビデオで、息子の成長を記録していました。１歳９カ月で健太郎が初めてお座り（写真右下）。入院中、鼻から酸素を送りながらも、大好きなおばあちゃんと笑顔でお遊び（写真左下）。

７時間にもおよぶ手術は大成功！　６割しか働いていなかった心臓が、初めて力一杯動きました。これまで経験したことのないドクンドクンという鼓動に驚いて、自分の胸を指さす健太郎。体に肌色が戻りました！

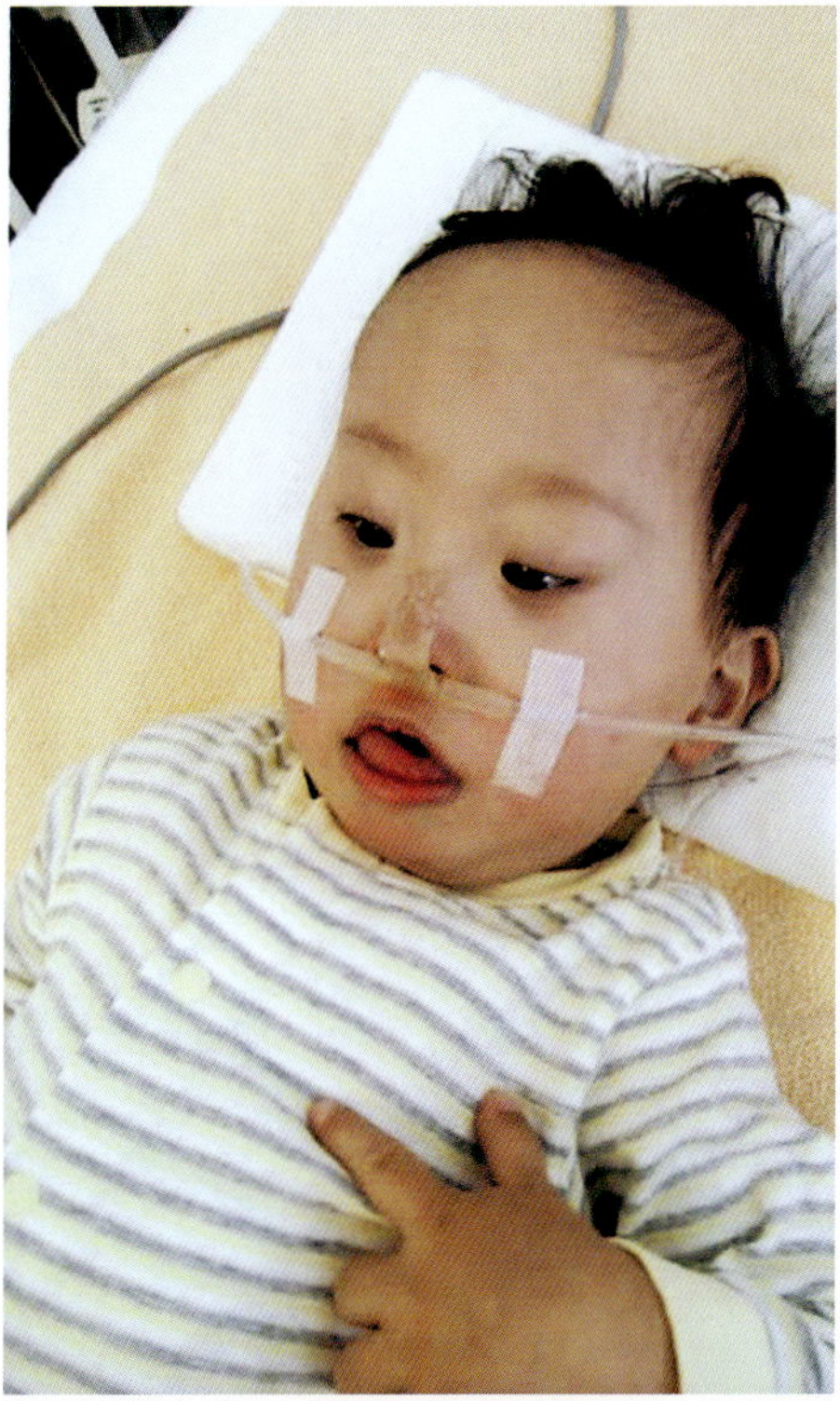

「健ちゃん、がんばったねー。健ちゃん、よかったねー。唇がピンク色になって、こんなにキレイになってるよー」。何度も何度も言う私の姿が、夫のビデオのなかに収められていました。

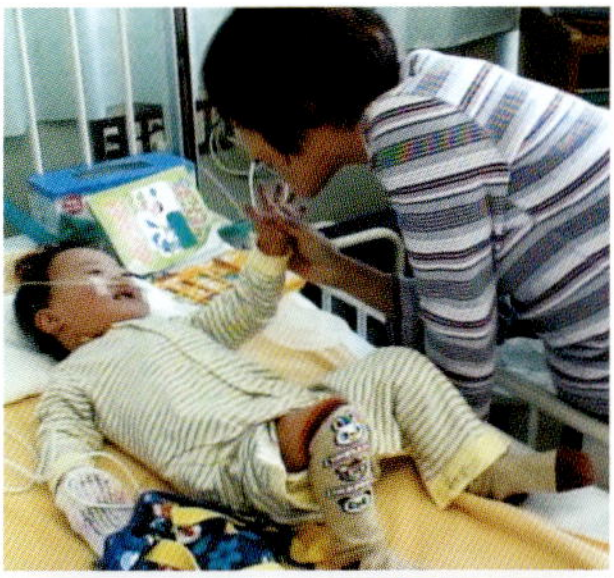

日々少しずつ成長する健太郎を見て、ようやく息子の障がいをまっすぐ受けとめられるようになってきました。

歩き始めたのは３歳半。健常児よりゆっくりした発達ですが、自分で靴下を脱いだり、スプーンを上手に使ったりできるようになってきました。

「健太郎の存在を一生隠そうなんて……。今までの自分は間違っていました」。それまではマラソンをテーマにした講演が中心でしたが、私の経験がお役に立つなら、と最近は健太郎について積極的にお話しすることが多くなりました。

家族で沖縄へ。気づけば、私は健太郎を人前に連れだしていました。好奇心旺盛な息子にたくさんのことを経験させたい。どんどん新しい世界へ連れていきたい。

健太郎の保育園入園式。「人生は人との競争じゃない。苦しくなったら立ち止まって、自分のペースで走ればいい。いちばんじゃなくて、いいんだね」と彼が教えてくれました。

いちばんじゃなくて、いいんだね。●目次

プロローグ

悲しみのなかを、走る……

1章

いちばん以外は、ビリと同じ

2章 私のマラソン人生

3章
人生の負け

4章

人生は勝ち負けじゃない

5章
いちばんじゃなくて、いいんだね

15 自分との訣別

エピローグ

喜びのなかを、走る……

プロローグ　悲しみのなかを、走る……

いちばんになりたい！

ハッ、ハッ、ハッ、ハッ、ハッ――。

その日も私は、故郷・熊本城二の丸公園内芝生《しばふ》広場の周囲を、ぐるぐるぐるぐると一心に走っていました。

――なんであの子を産《う》んでしまったのか。なんでマラソンランナーの私から、あの子が生まれてきてしまったのか――。

せめて走るときくらいは考えないようにしている暗い思いが、取りはずすことのできない鎖《くさり》のように、胸に巻きついてきます。

ハッ、ハッ、ハッ、ハッ、ハッ――。

ひたすら地面を見つめ、鬼のような形相《ぎょうそう》で走っていく私を見かけた人は、どのように思っていたのでしょうか。

誰かが声をかけてくれても、ひとたび走りだしてしまったら、私にはそれにこたえる余裕《よゆう》などありません。

あふれるほどの太陽の光をあびていても、心地よい5月の風が頰《ほほ》をくすぐっていても、鳥のさえずりや子どもたちの無邪気《むじゃき》な笑顔がジョギングコースのかたわらに広がっていても、走っている最中の私にはまったく無縁《むえん》の世界です。

現役時代からずっと、私はひたすら地面を見つめ、少しでも速く、1人でも前を行くランナーを追い越すために、一心不乱に走ってきました。

走ることで、いい汗《あせ》をかいたなどと思ったことはありません。

走ることが楽しいと感じたことも、まったくありません。

走りながらキョロキョロしたら、エネルギーをロスしてしまう。

走りながら風景を楽しむスキを見せたら、うしろのランナーに追い抜かれる。

ただただ1番になりたい、最初にゴールラインに飛び込みたい。その思いだけで、必死に走ってきたのが今日までの私でした。

ところがそこに、こんなに重苦しい、自分の力ではぬぐいがたい絶望的な要素まで加わってこようとは。走ることで振り払おうとしても、その重い鎖はよけいにギリギリと私の体をきつくしばりつけてきます。

――なぜ、あの子を産《う》んでしまったのか。産まなければよかった――。

この思いが心に浮かぶと、私は、急いでそれを打ち消しにかかります。

――たとえどんな事情があろうと、
ハッ、ハッ、

――そんな思いを認めてしまったら、
ハッ、ハッ、

――私は母親失格だ、
ハッ、ハッ、ハッ、ハッ、

――いや、それどころか、人間失格かも。

ハッ、ハッ、ハッ、ハッ、ハッ、

——からだをイジメよう。走れ！　走ることだけが、私をこの苦しみから救ってくれるはず。

でも、ひとしきり走るとまた、あの暗い思いが頭をもたげてきます。

——がんばって、がんばって、がんばりつくせば、しあわせにたどりつけると信じて生きてきた。なのに、なぜ？

苦しい、つらい、悲しい——

思いつく限りの言葉も、私の胸の痛みを表してはくれません。

——こんな病弱な子を抱えてしまって、これから私の人生は、家族の未来はどうなるの？

体力の限りを出しつくして味わうマラソンランナーとしての苦しみ。それとは別種の、暗い雲に包まれるような重苦しい痛みが、くり返し、くり返し私の胸をおそってきます。

胸の痛みは、心の痛みだけではありません。現実の、肉体的な胸の痛みでもあるのです。

わが子に吸い取ってもらえない母乳で、張りつめた乳房。がまんできないほどの痛みが私をおそってきます。

肉体的痛みを伴《ともな》って、母性が私を責めているのです。

お乳を口から飲めるようになってね

前夜も、夜中になると胸が張って、がまんできない痛みにおそわれました。母親ですから、離れていても生まれた子どもの気持ちがわかります。

「あなた、あの子が今おっぱいをほしがっている。お腹《なか》をすかせている。今から病院に行って、お乳をあげたい」

隣《となり》で寝ている夫を起こして、何度そう叫《さけ》んだことか。

そのたびに夫は、

「何を言ってるんだ。今は面会時間じゃないんだから、病室には入れないよ」

胸の痛みと精神的なパニックで泣きじゃくる私を、冷静にさとしてくれました。

ぬぐいきれない涙を流れるにまかせ、やがて私は自分で乳をしぼります。

長男の輝仁《きらと》は、この乳房をしっかりと吸ってくれました。乳房を吸われると、チクチクするような少し痛がゆい感覚。それが私をどんなにしあわせな気持ちにしてくれたことか。

しあわせ！　そう、私はあのとき、「しあわせというエキス」が私の体からこの子にそそぎ込まれているんだ、と実感したのです。

今、私は自分の手で母乳パックに乳をしぼり入れ、冷凍室に保存します。

このパックを翌日病院に持っていき、解凍してもらいます。わが子の鼻から胃に通された細いチューブに注射器をつけて、2〜3時間おきに20cc〜40ccの母乳をそそぎ込む毎日。

せめて鼻ではなく口で母乳を飲んでくれたら。いつの日か、私のおっぱいからお乳を吸ってくれたら――。

幼いわが子は、お乳を吸う力すらも神様から与えられていないのです。

このころ私がつけていた育児日誌「すこやか」の記述は、お乳のことばかりです。

「お乳はおいしいですか？　お乳の量も増えてきたね。毎日届けるのでいっぱい飲んでね。手足の注射のあとが痛そうだね。早くよくなって、お乳も口から飲めるように、がんばろう」

「はじめて鼻から母乳を飲んでいる姿を見たよ。おいしそうに飲んでくれたのね。明日から15→20ccになります。おいしいお乳を届けるので、全部飲んで、一日も早くママのおっぱいを吸ってね」

私が悪かったんだ……

そのかわいそうな姿を見るたびに、私の胸にはまたしても、切なく重苦しい思いが広がります。自分自身を責めてもみます。

――やっぱり私が悪かったんだ。現役時代、人の3倍も4倍も練習して体を酷使《こくし》したからいけなかった。生理が10年間も途絶《とだ》えたままの青春時代を送ってきたツケが、今この子に降りかかってしまったに違いない。私が悪い！　だから、せめて私がこの子と代わってあげられたら――。

鼻には常にチューブが入れられ、小さな体に無数の注射針の跡《あと》が消えないその姿は、とても見ていられません。毎日面会に訪《おとず》れる病室では、「今日もがんばって生きてね、明日も生きていてね」と祈る思いでわが子を見つめる日々。

ところが病院の廊下に一歩出た瞬間、違う思いが私の胸をよぎります。スカーフや帽子をとっさに目深《まぶか》にかぶっている自分がいるのです。

「マラソンの松野明美さんですよね？」

病院内で誰かにそう声をかけられるのが嫌《いや》なのです。こわいのです。

病院関係者から、こんなことを言われたこともありました。

「松野さん、そういえばこの前、新聞社から『松野さんのお子さんが入院されているようですが、何かご病気ですか？』と電話がありました。そのときはとぼけておきましたが、今後そういう問い合わせがあったらどうしましょうか」

私はとっさに言い返しました。

「困ります。絶対に答えないでください！　私のプライバシーのことは絶対に外にもらさないでください。もし何かあったら、病院を訴えますよ」

鬼の形相《ぎょうそう》に変わった私の勢いに、周囲の人たちはたじたじです。

このころ、私のなかには、矛盾《むじゅん》する2人の自分がいました。

1人は、もしできるならわが子のこの状況と代わってあげたいと思う母性《ぼせい》の強い自分。

もう1人は、明るく元気なイメージの松野明美にこんな病弱な子どもが生まれたなんて、絶対に人に知られてはいけない、イメージが崩《くず》れてしまう、人生に負けたことになる、という自分勝手な自分。

2人の自分がともに矛盾した存在であることは、わかっています。

しかし、どちらの自分も本心であり、ぬぐいようのない私の現実だったのです。

がんばっても勝てないレース

「松野さん、障がいをもつお子さんが生まれて、大変ですね」

このころ私は、人からこんなことを言われるのが嫌《いや》で嫌でたまりませんでした。実際には、隣《となり》近所の人にもいっさい、わが子のことは話していませんでしたから、そう言われることは、まれでした。そんなシーンを想像するだけで、体に悪寒《おかん》が走ったのです。

――そんなことを言われたら、人生に負けたことになる。

人生は勝ってこそ意味がある。1番以外は2番もビリも同じこと。そう思い込んで35年間生きてきた私には、耐えられない言葉だったのです。

現役を引退してからも、私は走るからにはトップを目指していました。もちろんタイム的には現役時代には遠く及びませんが、それでも各地のマラソン大会のゲストで呼ばれると、大勢のアマチュアランナーを相手にぶっちぎりのトップを走っていました。

「あれ、今回は松野明美さんがゲストできていたはずなのに、あっというまにトップに立っちゃって、一度もいっしょに走れなかった」

アマチュアランナーの皆さんから、何度そうぼやかれたことか。私もゲスト参加なのだから、ニコニコしながら沿道《えんどう》の声援に手をふってゆっくりと走ればいいと思ったりもするのですが、体がそれを許してくれません。

大会だけではありません。日ごろジョギングしているコースでも、前に誰か走っていると夢中《むちゅう》で追い抜きにかかります。相手がそれに気づいてペースをあげようものなら、もう田舎《いなか》の川沿いの道でデッドヒートが始まります。

なんでそこまでと自分でも思いますが、それがマラソンランナーとして勝負に生きてきた「性《さが》」なのです。私は引退してからも、「過去の自分に負けたくない」、その一心で走っていました。

もちろん現役時代のフォームは、私のなかで黄金の記憶として残っています。

どんなレースのときにも、ゴール直後に倒れ込むように走りきっていた自分。常に100パーセント、いや120パーセントの力をレースに発揮していた自分。レースの駆け引きなどいっさいせずに、常に全力疾走で走りきっていた自分。

勝負師として生きてきた私の「性《さが》」は、どうしようもなくこの小さな体のなかに染《し》み込んでいました。

ところが――。

35歳のとき、私の目の前に現れたのは、自分ががんばっても勝てないという、これまでに経験したことのない過酷《かこく》すぎるレースでした。

このレースには自分の力では勝てない。だとすると、私は人生に負けたことになる。こんなレースにはエントリーしたくない。でも、もう避《さ》けられない。

走っても走っても心の鎖《くさり》は断ちきれない。日々明らかになる現実は、鎖をさらに重々《おもおも》しいものに変えていく。

しかもやっかいなことに、そのレースの先には高くぶ厚い「ダウン症」という名の

レースはいつも全力疾走。余力を残してはいけない、ゴールに飛び込んだあとは、倒れてもいい、死んでもいい、と本気で思って走っていました。自分の努力しだいで何でも乗り越えられると思っていたのです。

壁がそびえ立っています。

もう私はダメなのか。このまま負け犬人生で終わってしまうのか――。

数年後、私を力強く引っ張って壁を克服させてくれる存在が現れるとは想像もできずに、私は独《ひと》り、悲しみをふりはらうために走りながらも、巨大な壁を見上げては呆《ぼう》然《ぜん》とするばかりだったのです――。

1章

いちばん以外は、ビリと同じ

出産

奇妙な産声

パン、パン、パン——フギャ。

２００３年12月26日午後2時。

私にとって2度目となる出産は、なんとも奇妙な「音」とともに記憶されています。

その前年に長男を産《う》んだときは、初産《ういざん》で24時間かかりました。しかし出産と同時に「オギャ～オギャ～」という元気な産声《うぶごえ》が産室に響き、安心することができました。

ところが今回は陣痛から分娩《ぶんべん》までは6時間と安産だったものの、期待していた産声が聞こえません。代わりにお医者さんと看護師さんが、赤ちゃんのお尻を必死にたたいています。

パン、パン、パン。やがて、か弱く「フギャ」という弱々しい声が聞こえました。それがこの子が生まれて最初に出した声だったのです。

——なんて、あさ黒い肌をした子なんだろう。

分娩台に寝ている私の隣《となり》に連れてこられたときも、かわいいというよりもむしろ違和感をおぼえました。普通の赤ちゃんならば、文字どおりピンク色の肌をしているはずですが、あさ黒い体を丸めるようにうずくまっているのです。

それでも母親ですから、本能的にわが子を抱こうと手が伸びます。ところが必死に手を伸ばしてもその体はやわらかすぎて、とても抱っこできるような状態ではありません。人間の赤ちゃんというよりも、何か別の生きもののような印象です。

——やはりこの子には何か問題があるに違いない。

直感的にそう感じました。このときはわずか30秒程度の触れ合いで、赤ちゃんはすぐに私の手から引き離され、新生児集中治療室（ＮＩＣＵ）に運ばれていきました。

すぐに思い出されたのは、妊娠8カ月のころに先生に言われた言葉でした。

「松野さん、普通のお子さんはお腹《なか》にいるときはへその緒《お》が3本あるはずなのに、あなたの赤ちゃんには2本しか見えません。こういうケースでは、心臓に欠陥《けっかん》がある場合が多いのです」

そのとき通《かよ》っていた民間病院の産婦人科の先生は、そう言いました。そして、うちではしっかりした検査ができないので、大きな病院へ転院してください、というのです。

「先生、お腹の子は大丈夫でしょうか？」

新しい病院で、再度先生に胎児《たいじ》の状態を確かめたときのことも忘れられません。

「生まれてこないとわからないけど、産声《うぶごえ》は聞けると思いますよ」

なんとも心もとない返事です。

超音波《ちょうおんぱ》で心臓の動きを調べても、「よくわからないけれど、おそらく心臓に何か欠陥があると思う」と言うのです。

妊娠がわかってからも、私は羊水《ようすい》検査を受けませんでした。もちろん検査のことは知っていましたが、たとえば「赤ちゃんに障がいがあります」と言われても、どうしていいかわからないと思ったのです。

だったらそんな検査はしないで、自然の力に任せよう。私は人の何倍も健康体のマラソンランナーなのだから、よもや病弱の子どもが生まれるはずがない。

だから先生から心臓の欠陥の疑いを言われたときも、「産んでみるしかないじゃないか」と、明るく開き直っていたのです。

「赤ちゃんは重い心臓病でした」

ところが実際に出産してみると、いやな予感が現実になってしまいました。

「赤ちゃんは重い心臓病でした」

出産2時間後。夫といっしょに呼ばれた先生の部屋でそのひとことを聞いた瞬間、私の魂《たましい》は軽いめまいとともに遠いところに飛んでしまいました。残ったのは脱《ぬ》け殻《がら》のような体だけ。先生の言葉は何も聞き取れず、あとで夫に確認したほどです。

「先生は、ボクらの子どもには心内膜床欠損症《しんないまくしょうけっそんしょう》とファロー四徴症《しちょうしょう》という2つの心臓病があるとおっしゃってた」

夫はこんなときでも、わりと冷静です。しっかりと先生の言葉を聞いてきてくれました。

私は車《くるま》椅《い》子《す》にすわっていましたが、そうでなければ失神《しっしん》して倒れていたはずです。背中には生《なま》ぬるい汗が吹き出て、気分もすぐれません。

夫が先生に聞いてきた病気の説明をしてくれました。

「普通心臓は4つの部屋に分かれているそうなんだけど、この子の心臓は仕切りが不完全で、酸素を含むきれいな血液と二酸化炭素を含む血液が混じってしまうらしい。だから体内の血中酸素濃度が低くなってしまう、と先生は言っていたよ」

簡単に言えば、健康な私たちの血中酸素濃度は95〜98といわれていますが、この子は心臓に欠陥《けっかん》があるために、生まれたときに80しかありませんでした。常に酸素が足りないので、呼吸が苦しくて肩で息をしている状態です。体が黒ずんでいて唇《くちびる》が紫色なのはそのためなのです。

さらにつらかったのは、その数時間後、新生児集中治療室でわが子と対面したときのことでした。生まれてまだ数時間しかたっていないというのに、小さな体には5本も点滴用の注射針が刺さっている!

——もう連れて帰りたい。こんな痛々しい姿には耐えられない。

自分の体の痛みなら、私はこれまでどんなにきびしいものでも耐えてきました。マラソンは自分の体の痛みとの極限のたたかい。私はそのたたかいに勝ってきました。

でも、産んだわが子の痛みには耐えられません。せめて自分で代わってあげたいと思っても、それもかなわない。もちろん連れて帰るわけにもいきません。

ガラス越しにわが子を見ながら、私は涙があふれて止まりませんでした。

ところがそんな私の姿を見て、背中越しにこんな声が聞こえてきたのです。

「あら、あの人、マラソンの松野さんじゃない? お子さんに何か問題があるのかしら」

もちろんこのときは無視してやりすごしたのですが、これ以降、この声がもうひとつの私のコンプレックスになっていきます。

そして先生もまだこのときは、わが子の病気の本質的な原因は話してくれていませんでした。検査を進めないと、本当のところはわからなかったのでしょう。

私は、この心臓病の向こうにもっと大きな壁がそびえていることに、まだ気づいていなかったのです――。

2

勝つことこそ私の人生

がんばれば、人はしあわせになれる!

長男を身ごもる前から、私は夫をマネージャーとして、個人事務所を立ち上げていました。その名は「松野明美ヒューマンライフ」。

私自身が歩んできたマラソンランナーとしての経験を講演で話したり、テレビのバラエティ番組や情報番組に出演したり、各地のマラソン大会にゲスト出場するのが仕事でした。

がんばっていけば、人は必ずしあわせになれる。

社名には、それまで約30年間、私自身が抱いてきた生活信条を込めたつもりです。

がんばっていれば、人は必ずしあわせをつかめる。

夫との出会いと結婚もまた、ある意味で私のがんばりの成果だといってもいいのかもしれません。

そもそも夫との出会いは、私が夫の弟の結婚式に呼ばれたときのことでした。もともと夫の父（つまり、今の義父）が現役時代の私の後援会の方で、「息子が結婚するときに花束でも渡してほしい」という依頼をいただいたのです。熊本市内で開かれた式に出席してみると、親族席にさわやかな男性がいました。それが夫でした。頭の中で鐘《かね》がガンガンと鳴り響《ひび》きました。私は彼に一目惚《ぼ》れしてしまったのです。

そのとき私は29歳。現役引退直後は結婚に逃げたくて、合コンと聞けば必ず参加していました。「結婚」という新たなゴールを目指して必死にがんばっていたのです。しかし、いい人に出会っても、最初こそ楽しくお付き合いができるのですが、私が本気になるとなぜか男性がサーッと身を引いていきます。あるときは突然、携帯電話の番号を変えられてしまったこともありました。突然、引っ越してしまった人もいたほどです。

夫と初めて出会った日に撮った記念の1枚。物静かでやさしそうな彼に一目惚れした私は、彼のお母さんを巻き込んで、なかば強引にデートの約束をしました！

私は理由もわからずに、「ご縁がなかったんだ」とあきらめることの連続。そしてこのころは、そんな時期も通り越して、もう達観《たつかん》の境地でした。結婚自体をあきらめかけていたころだったのです。

ところが結婚式で出会った夫は、私にはない物静かな性格で、どちらかといえば線の細い印象でした。そのソフトな雰囲気《ふんいき》に、私がひかれてしまったのです。

当時夫は、東京に住んでサラリーマンをしていました。結婚式のために熊本に帰省していたのですから、当然式が終われば帰京していきます。

その前にもう一度会っておかないと、このまま会えなくなってしまう。なんとしてでもこのチャンスを逃《のが》してはならない！――。

そう思い詰めた私は、彼がまだ熊本にいるという情報をつかむと、結婚式翌日、早朝7時半に彼の実家に電話を入れました。

するとお母さんが出られて、

「まだ寝ています」

でもそんな答えであきらめる私ではありません。

「すぐに起こしてください!!」

眠そうな声で電話に出てきた夫に対して、私はなかば強引《ごういん》に東京での食事の約束を取り付け、なんとか交際が始まったのです。

その出会いからして、「がんばればなんとかなる」という私の信条を地で行く恋愛でした。

妊娠しても毎朝15キロ走らなければ

約3年間の恋愛期間を経て、入籍は2001年の5月17日。

新婚生活は、当時夫が赴任していた香川県・丸亀市で始まりました。

当初私は、夜10時ころ帰ってくる夫を待って、約4時間かけて夕食をつくっていました。すき焼き、とんかつ、カレー、スープなど、毎食10品余りをテーブルにぎっしり並べて得意満面。それが愛の証《あかし》だと思っていたのです。専業主婦で近くに友達も知り合いもいなかったので、のめり込むものは料理しかありませんでした。おかげで夫は新婚半年で11キロも太ってしまったほどです。

とにかく目の前の課題にがんばってしまうのが、私の性分《しょうぶん》なのです。

ほどなくして妊娠がわかりました。2人して喜んだものの、夜中にお腹《なか》に激痛が走り、トイレに行ってみたら大きな血の塊《かたまり》が落ちていて――。

病院で「流産です」と告げられた瞬間、私は気が狂いそうになりました。ショックで約1カ月間寝込んでしまうほどでした。

そんな私を見て、夫は3カ月後に会社を辞めると言いだしました。故郷の熊本にもどろうと言ってくれたのです。専業主婦のまま独《ひと》り家に残しておくことを不憫《ふびん》に思ってくれたのでしょう。私には、パートに出て働くことも考えにくいことでした。私はお母さん子なので、夫の申し出に対して母親のそばにいられるならと、二つ返事でした。

たまたま夫は高校の先輩にあたります。2人の実家も車で20分程度の距離にあり、自然環境は抜群《ばつぐん》です。私たちは当初、熊本市内のマンションに居《きょ》を構え、新婚生活をやり直す気分でした。

故郷でののんびりとした時間の流れと、豊かな自然環境がよかったのでしょう。ほどなくして2度目の妊娠がわかり、02年10月21日、無事、長男の輝仁《きらと》を授かりました。

私はさっそく「将来はマラソン選手にしたい」と夢を描きました。ミルクにプルーンエキスを1滴たらし、その成長を楽しみにしていたのです。

もちろん私は、妊娠中も走っていました。周囲からは前に流産もしているのだからやめたほうがいいと言われましたが、妊娠したからといって過去の自分に負けるわけにはいきません。つわりの時期も走りました。マラソン選手だから、走らないと何か精神的に落ち着かない。走ることが安産につながると勝手に思い込んでいたのです。

陣痛が来る前の日まで、毎日1時間、約15キロ、さらに100メートル・ダッシュを3本。私はこの習慣を変えませんでした。

オリンピックを越える感動体験

ところが実際に体験した「出産」は、私の想像をはるかに越える難作業でした。あのつらさ、苦しさ、そして喜びは、ほかでは一生味わえないと思います。オリンピックなど比べものになりません。

よく陣痛は「鼻からスイカを出すほどの痛み」と言われますが、私の痛みはそんなものではありませんでした。マラソンで100キロ走ったほうがよほど楽《らく》です。とにかく痛くてつらくて「もうお腹《なか》を切ってください！」と何度先生にお願いしたことか。それでも「しゃべれる元気があるならば、もう少しがんばれます」と言われて、24時間耐えに耐え続けたのです。

そして意識が遠のく直前に、わが子を産《う》み落としたときのあの感動。へその緒《お》がつながったままのわが子を見たときのあの震《ふる》えるような瞬間。

母親になると、自然と涙がこぼれるのだということを、私はあのときに知りました。

これこそが親子の絆《きずな》。1つだった自分とわが子が2つに分かれてこの世に生まれてきた証《あかし》。

言葉ではなく、痛みとともに体でそう実感するすばらしい瞬間でした。


ところが長男を産んで半年もたたないころのこと。私は体調不良を自覚するようになったのです。

——あれ？　走りすぎかしら。なんか体調が悪いな。

そんな軽い気持ちで病院に行くと、「おめでたです」と告げられたのです。

その瞬間、私はボーッとしてしまって、何がなんだかわからないような状態でした。

愛する人の子どもを授《さず》かって、うれしくないはずがありません。

でも、2人目の子どもの妊娠を告げられて、私は混乱しました。産《う》むべきか、産まざるべきか。

2人目を産んだらどんな生活になるのか、それをうまくイメージできなかったのです。

いや、正直言うと、2人目の子どもを持つことによって、私の仕事に重大な影響が生じるかもしれない——それを強く恐れたのです、その子が健康な赤ちゃんであったとしても。

小さな体で勝つために

長男を産んでから、私はすぐに仕事に復帰しました。走ることも再開して、以前のような「健康で明るい松野明美」として再スタートをきったのです。

家にいるときは私が育児も担当しますが、仕事で出ているときは、実家の母や夫の母親が面倒を見てくれます。家では夫も育児を担当してくれていましたから、私は全力で仕事に向かうことができたのです。

その状態がとても心地よいものだったので、私は2人目がほしいとは思ったこともありませんでした。つまり自分のことが一番。自分が活動しやすいことが、何よりも大切だと考えていたのです。

妊娠がわかってからも、常にそのことは考え続けました。２人の子どもを抱えて仕事はできるだろうか、走ることは可能だろうか、と。

私は講演では、現役時代にこの小さな体でレースで勝つために、いかに練習したかを語ります。人の2倍練習し、ダメなら3倍練習し、最終的には4倍練習して勝ったということを語るのです。がんばることこそ私の人生。がんばって、がんばって勝ってきたからこそ、現役を引退した今も、多くの方が私の言葉に耳をかたむけてくださる。そう思っていました。

となると、はたして2人目を出産して、育児にどっぷりつかった状態でこのことが語れるのだろうか。人は私の言うことに価値を認めてくれるのだろうか。

そんな不安がよぎったことは確かです。

同時に、長男の出産時に味わったあの感動もよみがってきます。

人の生命《いのち》は授《さず》かりもの。まして私は、現役時代には約10年間も生理が止まってしまって、妊娠できないかもしれないと言われていた体なのです。その体に2つ目の生命が宿ってくれたのなら、やはり産むべきではないか。産めば長男と同じようにマラソンランナーに育てる夢がもてるかもしれない。兄弟で金メダルをねらう日が来るかもしれない。

私は自分にそう言い聞かせて、産むことにしたのです。

2カ月目に妊娠がわかってから、8カ月目まではまさに順調でした。

仕事も続け、毎日のジョギングも欠かしませんでした。マラソン大会に招待されると、そろそろ目立ち始めたお腹《なか》を抱えながらも、ぶっちぎりのトップを走っていました。

もうすぐあの感動をふたたび味わえる——私はその日が来るのを楽しみにしていました。8カ月目に「心臓に欠陥《けっかん》があるかもしれません」と言われてからも、私は自分の健康を信じ、子どもが五体満足で生まれてくるのは当然のことと思っていました。

このころ書いた母子手帳のなかに、私はこう記しています。

「心臓に心配があるけど、元気に誕生してきてください」

何ひとつ疑わず、私は、生まれ来る子どもに、夢を託していたのです。

ところが——。

3

矛盾

鼻からの授乳

——産《う》まなければよかった。なんでこの子を産んでしまったんだろう。

隠さなければ。この子の存在を隠さなければ。

あなたはなんで私を選んで生まれてきてしまったの？　ほかの人を選んでくれたらよかったのに。

でも生きていてほしい。今日も、明日も、明後日も。死んじゃいや。ずっと未来まで生きていてほしい——。

次男の出産直後から、私の脳裏《のうり》にはさまざまな思いがかけめぐり始めました。自分

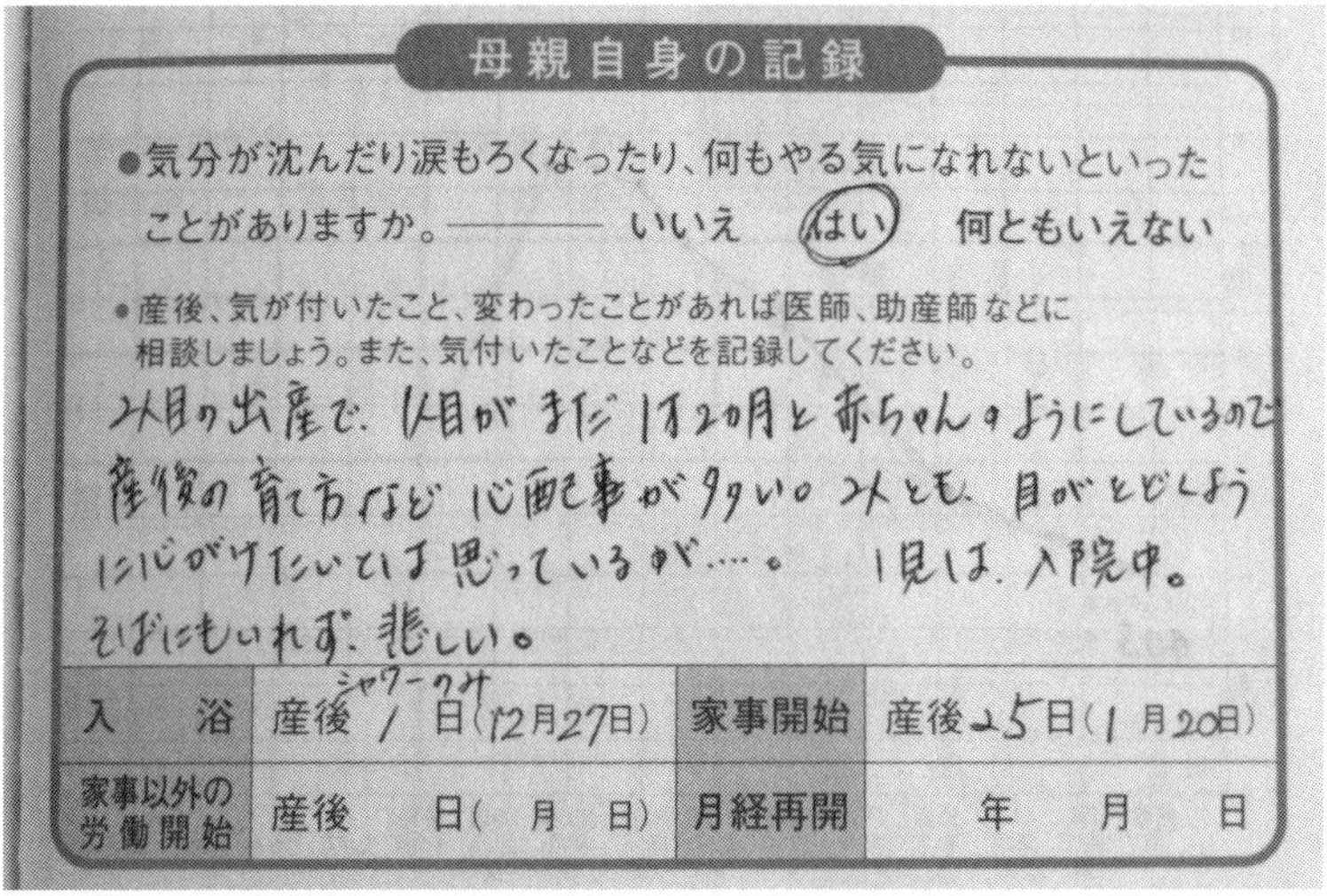

母親自身の記録

●気分が沈んだり涙もろくなったり、何もやる気になれないといったことがありますか。―――― いいえ　はい　何ともいえない

●産後、気が付いたこと、変わったことがあれば医師、助産師などに相談しましょう。また、気付いたことなどを記録してください。

2人目の出産で、1人目がまだ1才2カ月と赤ちゃんのようにしているので産後の育て方など心配事が多い。2人とも、目がとどくように心がけたいとは思っているが….。　1児は、入院中。そばにもいれず、悲しい。

入浴	産後 シャワーのみ 1 日（12月27日）	家事開始	産後25日（1月20日）
家事以外の労働開始	産後　日（　月　日）	月経再開	年　月　日

健太郎の母子手帳にある「気分が沈んだり涙もろくなったり――」という質問。「はい」に丸をつける私の手は、無意識のうちに力が入っていました。

でもどれが本心なのかわかりません。すべてが本心であり、心の底からの叫《さけ》びなのです。

目の前でNICU（新生児集中治療室）のカプセルのなかで寝ているわが子は、かわいそうに目も開かず、泣き声すらあげられません。2つの鼻の穴には細いチューブが入れられていて、そこからミルクを少しずつ注入していきます。口からミルクを飲むことすらできないのです。その姿があまりに痛々しくて、私は思わず自分のおっぱいから授乳しようと試《ため》したこともありました。

ところが力んで乳を吸おうとすると、わが子は酸素が足りなくなってたちまち顔が黒くなるのです。ハッハッハッと息づかいが荒くなり、苦しそうな表情です。1回乳を吸わせたら10秒間待って、また1回吸わせる。そんなことを繰り返さないと、授乳もままならないありさまでした。

そんな授乳を何回も繰り返して、さてどのくらい飲んでくれたかなと、わが子の体重を計ります。赤ちゃんは飲んだミルクの量だけ正直に体重が増えているのです。

「10グラム――!?」

体重計の表示を見て、私は涙があふれてきました。あんなにがんばって飲ませたのに、たった10グラム。顔を真っ黒にしながら1時間もかかって、たったの10グラム。つまりミルクを10ccしか飲めていないのです。

こんなか細い生命力で、はたしてこの子はこの先、生きていけるのだろうか。

そう思うと、涙が止まりませんでした。

でも私は、その悲しみをこの子にさとられまいと、育児日誌「すこやか」には努めて明るくこう書きました。


「保育器から出られたねー！　顔色もよくて元気そうだね。キューキューという呼吸音がちょっと苦しそうだけど、きっとよくなるよ」

「今日はママ一人の面会でした。オムツをかえるとき、うんち攻撃にあってびっくりしたけど、元気な証拠だと、うれしかったよ。おしりが赤いのは大丈夫かな？　また明日ね」

「今日はここに来る前に、神社にお参りに行ってきたよ。大丈夫だからね」

「先生、下手くそじゃないですか！」

育児日誌のなかでは明るくふる舞っても、このころ私は、面会に出かけるたびに病院の先生と喧嘩《けんか》になることもしょっちゅうでした。

「先生！　あなたは本当にお医者さんなんですか。下手《へた》くそじゃないですか！」

ＮＩＣＵの部屋では、毎日のように血液検査が行われました。30代の若手の先生がやって来て、か細《ぼそ》いわが子の腕に注射針を刺《さ》そうとします。ところがわが子は肌がやわらかく、血管も細いのでうまく針が刺さらないのです。何度も何度もやり直すことがありました。そのたびに私はキレてしまうのです。

「先生、もっとうまくできないのですか」

私が怒鳴《どな》ると、逆ギレする先生もいました。

「お母さん！　お母さんがここにいると血液が採《と》れません。出ていってください」

そう言われても、次の日にまた面会にやってくると同じシーンが繰り返されます。

「先生、もっと上手に針を刺してください、痛いじゃないですか」

「うるさい！　あなたが痛いわけじゃないでしょう。お母さん、出ていってください」

このころは私のなかで、わが子への不安や自分への怒り、苦しみがグルグルと渦巻《うず》いていました。そのはけ口がほかに見つからなかったので、先生にぶつかってしまったのです。

看護師さんにも嫌われました。

「この子のところへは、たまに見に来るだけなんですね」

ある日私は、巡回の間隔《かんかく》が長いことを皮肉をこめて、そう言ってしまったことがありました。それ以降、私の姿が廊下に現れると、看護師同士が「来た来た来た来た」と目で合図をしているのです。警戒しているのでしょう。私は相当嫌われていたと思います。

でも実際に、看護師が点滴《てんてき》の量を間違えていたこともあったのです。私がそれに気づいて注意すると、先生は部屋の鍵を閉めてこう言いました。

「お母さん、病院にはたまにはそういうこともありますよ」

「はぁ？」私はすかさず言い返しました。「この注射にはあの子の生命《いのち》がかかっているんですよ。そんなことでいいのですかっ！」。

母である私が言わずして誰が言うのか。悔《くや》しくてまた涙が出ました。

――この子は泣き声では主張できないのに。まして体をよじって痛みを表すこともできないのだから。私が守らなくちゃ、私が――。

泣き崩《くず》れると、夫がなぐさめてくれました。

「そうだね、そうだね。でも、皆に嫌われてこの子に何かあったらいけないよ」

やり場のない憤《いきどお》りが、心の奥から突き上げてきます。

私は神様をのろうなんて、そんな恐ろしいことはできません。考えたこともありません。

でも、でも――。

こんな理不尽《りふじん》なこと、なぜ？

なぜなの？

「努力すれば、そのがんばりに見合ったご褒美《ほうび》がいただける」

そうだったんじゃなかったの？

にもかかわらず、この仕打ちはいったい何なんですか！

私は自分を責めました。そして、神様に問い続けました。

――なぜなんですか？

疲れ果て、泣き崩れる。そんな私を、夫は黙って抱きとめてくれました。

抱きとめてくれた夫の手が、トン、トン、トンと、リズミカルに信号を送ってくれます。

――大丈夫だよ、大丈夫だよ。

不思議なリズムでした。

トン、トン、トン――。

私の心臓の鼓動《こどう》に添《そ》うかのような夫の手のリズムにうながされ、涙がフツフツとあふれ、頬を伝い――。

いつしか、私の荒れ狂った心は夫の胸に吸い取られて、つかの間の安らぎが訪れてくれました。

「お子さんはダウン症です」

「松野さん、早くこの子にお名前を付けてあげてくださいね。出生届《しゅっしょうとど》けの期日が迫っていますよ」

ある日私たちは病院の方からそう言われて、ハッと気づきました。確かに、生まれて2週間目までに届けなければならない出生届けの期日が迫っていたのです。

毎日毎日、今日は生きていてくれるか、明日も生きていてくれるかとわが子をじっと見つめていたために、私たちはこの子に名前を付けることも忘れていました。出生届を役所に出すという、親として基本的なことも心に浮かぶ余裕がなかったのです。

じつはその日の前に、私たちにはもっとショックなことがありました。

生後10日目のこと。先生に呼ばれた私たちは、こう宣告《せんこく》されたのです。

「お子さんはダウン症です。心臓の欠陥《けっかん》は、ダウン症の合併症《がっぺいしょう》からくるものですね。2つの心臓病をもって生まれてくる確率は、ダウン症のなかでもごくわずかなのですが」

このときも、私は「ダウン症」という言葉を聞いた瞬間に頭がボーッとしてしまい、先生の言葉が素直に耳に入ってきませんでした。

ダウン症。それがなんなのか、私にはわかりませんでした。聞いたこともなかったのです。

先生の言葉を聞きながら、私は必死に理解しようと努めました。

——くわしくはわからないけれど、わが子は障がいをもった子どもなんだ。将来も知的障がいとか体の障がいが残るかもしれない。心臓の病気はこの障がいの合併症なんだ。病気なら治療や手術で治《なお》るだろうけれど、障がいということは、一生治らないということなの？？？

あとでわかったことですが、ダウン症とは21番目の染色体《せんしょくたい》が1つ多いことから起きる障がいです。世界中、どの地域でもどの時代でも、1000人の出生に対して1件か2件の割合で生まれてくると言われています。

つまり見方を変えたら、神様は一定の割合でこの子たちに対して「生まれてもいいよ」と認めてくれているのです。そして人間集団において、この子たちの存在は、むしろ必要不可欠なものなのです。そのことを、やがて私は身をもって知ることになります。

ところがこのときの私には、とても、そんなことを思う余裕《よゆう》も知識もありませんでした。

知的障がい、体の機能障がい、心臓の合併症、一生治らない障がい、そして、かつては短命と言われたこと、などなど——。

——こんなに小さな体でこんな重い心臓の病気ももっているのに、そのうえ、障がいまであって、生きていけるのだろうか——。

そんな、ネガティブなことしか頭に入ってきませんでした。

その思いがあっただけに、私たちはわが子の名前に健康の「健」という字を入れようと話しました。少しでも長生きしてほしい。がんばって健《すこ》やかに成長してほしい。祈るような思いを込めたのです。

そしてその寝顔を見ながら、夫は「健」の下に「太郎」と付けました。呼びやすい響きが気に入ったからです。

この日私は、「すこやか」にこう書きました。

「今日、パパの誕生日に出生届を出してきたよ！　名前は、健太郎！　気に入ってくれるかな？　健康に、たくましく！　これだけが願いです。早く、元気になろう。がんばれ!!」

私はまだ、がんばれば元気に治るものと信じていたのです。

「あら、かわいい赤ちゃんじゃない」

健太郎の入院中約3カ月間、私は毎日のように家から病院まで走って通いました。走ることで、崩《くず》れてしまった精神的なバランスを取りもどそうとしたのです。家から病院まで走ったり、病院に行くまえに熊本城公園を走ったり、毎日必ず1時間はジョギングの時間をとるのが日課でした。

病院には、必ず兄の輝仁《きらと》も連れていきました。NICUには子どもは入れませんから、夫と交代して廊下でお留守《るす》番です。このころ輝仁《きらと》は1歳4カ月。そろそろ本格的に歩きだしていて、かわいい盛《さか》りです。しかし私たちの気持ちはやはり病院の健太郎にありがちでしたから、少々さびしい思いをさせてしまったのかもしれません。

このころから輝仁《きらと》はおしゃぶりをつけはじめ、それは5歳になるまで取れませんでした。障がいをもった子どもの兄弟もまた、つらい境遇にあるといいます。今でこそわかりますが、当時の私たちにはとてもそこまで気を回す余裕《よゆう》がなかったのです。

——なんで健太郎を産《う》んでしまったんだろう。マラソンで体を酷使《こくし》してきたからいけなかったんだ。

夜になると、私は決まって自分を責めました。

——私が悪いんだ。私が悪かったんだ。

そう思うと、涙がとめどなくこぼれてきます。

同時に乳房が張って、苦しくなります。自分で泣きながらお乳をしぼって冷凍パックして、翌日に備える日々。私は毎日パニック寸前でした。

そんなときの救いは、夫や家族の存在でした。

夫はそもそも健太郎のことを冷静に受けとめていました。「ダウン症」ということを知らされた一晩だけは泣きあかしたといいますが、翌日からはその現実と正面から向き合っていました。私に対しても「やりたいようにしたらいい」と、あたたかく見守ってくれていたのです。

「あら、かわいい赤ちゃんじゃない」

最初からそう言い続けてくれたのは、夫の母でした。ＮＩＣＵのなかでの面会だったのですが、母はガラス越しに「明美ちゃんＯＫ！」と両手を上げて、頭の上で大きなマルをつくってくれたのです。最初から赤ちゃんをなめんばかりのかわいがりようでした。

私には、これがどんなにあたたかい響きの言葉だったことか。

あとから聞いた話ですが、ダウン症だとわかったとたんに、育児を放《ほう》りだしてしまう父親もいるといいます。母親たちも、自分が悪かったのではないかと自責《じせき》の念にとらわれ、精神のバランスを崩《くず》してしまうケースもあるそうです。嫁《とつ》ぎ先の祖父母が障がいを認めずに、結果的に家を追い出され、離縁《りえん》されてしまうケースも以前は少なくなかったと聞きました。

そういうことから考えると、今から思えば私はしあわせでした。

理解ある夫と家族。育児に協力してくれる母と義母。義父は、早い段階から「健太郎のために将来はうどん屋を開こう。そこでダウン症の仲間たちにも働いてもらって自立できたらいい」と言っていました。健太郎にとっても、こんなにしあわせな環境はありません。本当にありがたかったと思います。

薬の匂いがする赤ちゃん

退院して家にもどってきてからも、健太郎にとっては入院中と変わらない試練の日々が続きました。

先生からは、絶対にカゼをひかせないでくださいと言われていました。カゼをひくと鼻がつまって呼吸が困難になり、ただでさえ酸素を取り入れる力が弱いのに、それがさらに弱まって、心臓に負担がかかるのです。酸素が不足すると、健太郎の唇《くちびる》はいつにもまして真っ青《まさお》になります。体は氷のように冷たくなり、手足の指先は血液が行き渡らないために、ぷっくりとむくんで太くなります。また心臓病の影響で、肺炎にもかかりやすく、それは生命の危険も意味していると言われました。

ところが退院は春先でしたから、ただでさえ気候は不順です。

気をつけてはいたのですが、最初の発熱は退院1週間後のこと。あわてて病院にかけ込んで、そのまま2週間入院するはめになりました。

その後は心臓を包む膜《まく》と心臓の間に水がたまるようになり、1週間退院してはまた2週間入院することの繰り返し。そのたびに私は夫と交代で、病院に泊まり込みます。心臓の周囲の水を抜き出すためには、利尿剤《りにょうざい》を使いました。おしっこで水を出すためです。こんなガリガリの体から、まだ水をしぼり出そうとするのです。見ていてもつらいものでした。それでもダメなときには、ステロイド剤を注射されます。だから2週間の入院から家にもどってくると、健太郎の体からは薬の匂いがしていました。本当なら、お乳の匂いがするのが赤ちゃんなのに——。

この写真を見てください。

血液が十分に回らない、黒ずんでやせこけた、薬の匂いがしみついた体を畳に横たえ、健太郎はお気に入りのおもちゃに手を伸ばします。明日をもしれない小さな命が、目の前の楽しみに向かってけんめいに手をさしのべ、つかもうとしています。必死に生きようとしているのです。

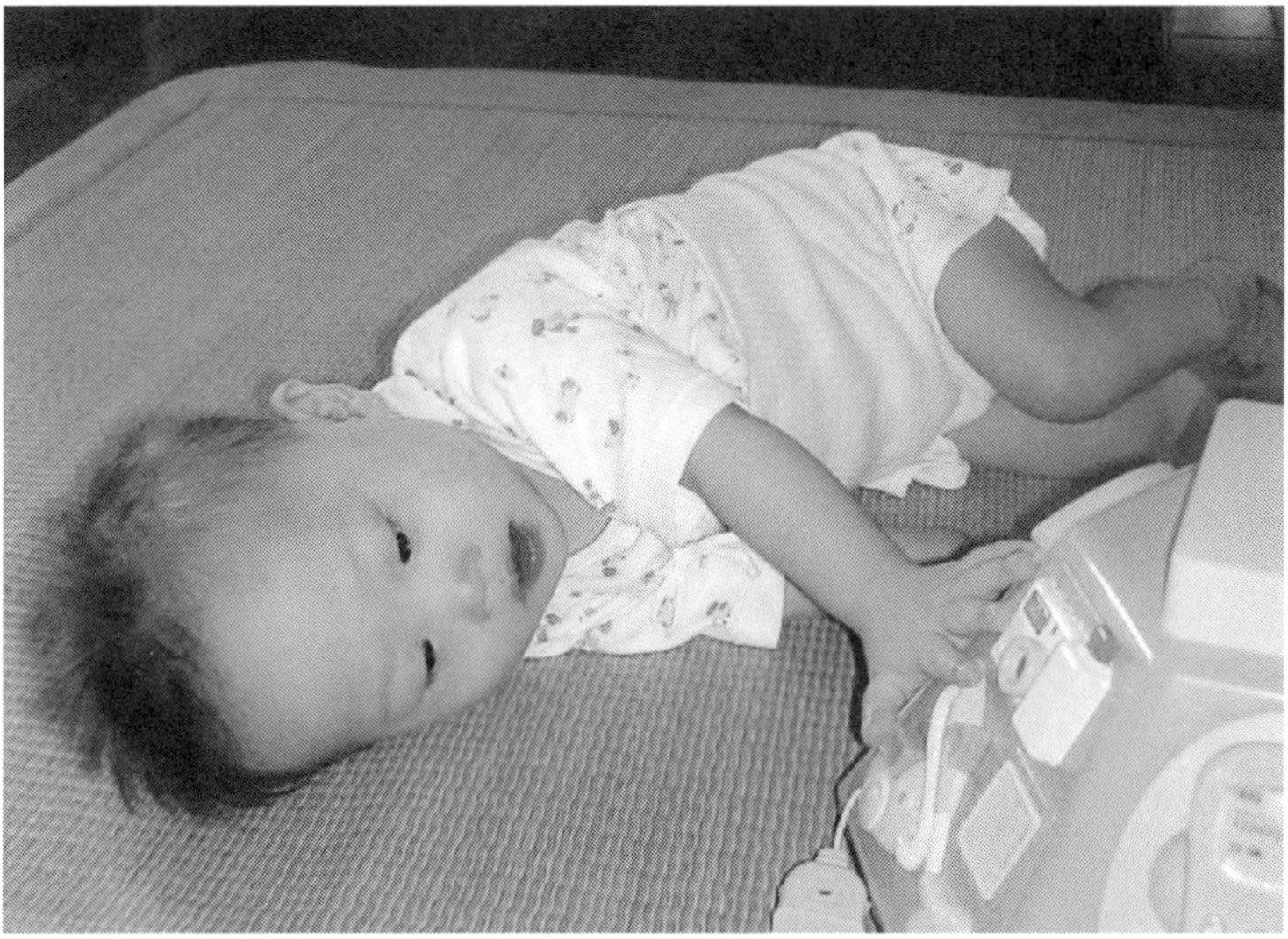

1歳6カ月。心臓のまわりの水分を抜くために利尿剤を飲んでいましたが、体の水分が減ってしまい、体はガリガリ。お乳の匂いがするはずの赤ちゃんは、ずっと薬の匂いがしていました。

――この子にどんな罪があるの！　なぜ、こんなに苦しまなくちゃいけないの！

私は、腹の底からのうめき声と、あふれる涙を止めることができませんでした。

――明日の朝、目が覚めたときにこの子が呼吸をしていなかったらどうしよう。

そんな不安に襲われ、眠れない夜が続きました。

このころ、健太郎と私とで撮《と》った1枚の写真が残っています（冒頭カラー5ページ目参照）。

健太郎を抱きながら、私は必死の笑顔を見せようと一生懸命笑おうとしています。

けれどその目は充血《じゅうけつ》して、目もとにはクマができている。自分で見ても、このころの私は自分であって自分ではない。母親ではあっても母親になりきれていない。本当にどうやって生きていっていいのかわからずに、ただただ目の前のことを一生懸命にこなさなければならないと思う日々でした。

たとえばこんなことにも、一生懸命になってしまう自分もいたのです。

4 手術の決断

この子を隠さなければ

いつでもどこにいても、私は周囲から聞こえる声に過敏《かびん》に反応するようになりました。

病院への行き帰り、私が真剣に考えたのは「松野明美とさとられないこと」。

「あれ、あそこにいるのはマラソンの松野さんじゃなかと？」

その声を聞くのが嫌《いや》なので、帽子やスカーフを目深《まぶか》にかぶり、視線を左右にふらずに一直線に歩いて、誰かに声をかけるスキを与えないことに必死だったのです。

――誰も私に声をかけないで。私はマツノアケミじゃない。私は今忙しい。誰も私のことなんか気にとめないで。

全身からそんなオーラを放ちながら、毎日病院に通っていました。

すでにこのころは、タレントの仕事や講演の仕事も再開していましたから、「明るい松野明美」のイメージを壊《こわ》してはいけないと信じ込んでいたのです。

そのためには、障がいをもった子どもがいるということを、さとられないのが一番です。

私はそう思い込んで、健太郎が退院してからも、一度もスーパーに連れだしたことはありません。天気のいい日に公園に連れだしたのも、２歳になるころが初めてのことでした。

このときは、酸素ボンベを持って公園に行きました。健太郎には常に酸素が必要なのです。ところが向こうのほうから知り合いがニコニコしながら近づいてくるではありませんか。私もニコニコして応対できればいいのですが、あわてて酸素ボンベを持って逃げるように立ち去ることしかできませんでした。

もっとも夫は、そんなことは気にせずに、買いものなどには健太郎を連れていきました。むしろ外の空気を吸わせたいと思っていたのでしょう。

「あなた、あんまり健太郎を外に連れださないで。人に見られるかもしれないし、第一、カゼでもひいたらまた入院するようでしょう?」

私はそう言って夫を引きとめてさえいたのです。

ダウン症児は、免疫力《めんえきりょく》が低いのは確かです。カゼも肺炎も生命《いのち》にかかわります。私はそのことが気がかりでした。しかし絶対に知られたくないという思いもまた、強かったのです。

毎晩、座ったまま眠る夫

健太郎が退院してから、生活のパターンを一番変えてくれたのは夫だったと思います。

それまでは夫も、晩酌《ばんしゃく》にビール2缶程度は飲んでいました。ところが健太郎が病院からもどってきてからは、夜中に何が起きるかわかりません。急な発作《ほっさ》や深刻な症状が出たら、車で病院まで連れていかなければなりません。だから、晩酌にはいっさい手をつけなくなりました。

また健太郎が寝るときも一苦労です。

健太郎は布団《ふとん》に横になると鼻からの息の通りが細くなり、呼吸が苦しくなってしまうのです。健太郎にとって最も理想的な寝方は、誰かに抱っこしてもらって体を立てたまま背中でもたれかかって寝ること。夫がその役を引き受けて、健太郎を抱っこして壁に背中をもたれかけて、座ったまま眠ることになりました。

当初は、健太郎が眠り込んだあとでそっと布団に寝かせようとしてみました。するとパッと目を開けて、眠れないのです。呼吸が苦しいせいでしょう。しかたなく夫が一晩中苦しい姿勢で抱っこしていてくれました。

私もまた同じでした。

――ゼーゼー、キュッキュッ。

夜中になっても、健太郎から寝息が聞こえると安心します。

あぁ、呼吸をしている。生きてくれているんだ。

布団に入ってからも、私は夫が抱っこしたままの健太郎の寝息を聞いていました。とても熟睡《じゅくすい》することはできません。いつも健太郎の気配《けはい》を気にしながら、横になっていたのです。

こうしてふり返ると、退院はうれしかったのですが、今度は四六時中、健太郎から目が離せない。たとえ寝ていても気になってしまう。そんな生活の始まりだったのです。

泣きつかれて眠る兄

もうひとり、健太郎が退院したことで生活のパターンを大きく変えた家族がいました。

それは、このころ1歳半になるところだった兄の輝仁《きらと》です。

生まれつき重い病気と障がいをもっていた健太郎にくらべると、輝仁《きらと》は何ひとつ心配なく順調な発育を見せていました。このころは、つかまり立ちを経《へ》て歩きだし、言葉も少し出始めていました。「ママ、パパ」と言うようにもなり、かわいい盛りだったのです。

ところが健太郎が退院して以降は、輝仁《きらと》にはさびしい日々だったと思います。なぜなら私が仕事に出かけるときは、実家の母に子守を頼まなければなりません。連続して仕事が入ったときなどは、気づいたら私たちと離れて約1カ月も実家で生活していたこともありました。

そうなると、やはり私は母親ですから、輝仁《きらと》の顔を少しでも見たくなります。仕事の合間に実家に行って、たとえ1時間でもいっしょに遊んでやりたいと思うのです。顔も見たいし抱っこもしたい。

ところがこれは、私の願望ではあっても輝仁《きらと》の願いではないことに気づきました。なぜなら輝仁《きらと》は、遊んでいるときはいいのですが、いざ私が「じゃ、ママはまたお仕事に行ってくるからね」と玄関を出ようとすると、火がついたように泣きだします。まだ1歳半の赤ちゃんなのですから当然です。それでも、私はまた飛行機に乗って仕事に行かなければなりません。うしろ髪《がみ》をひかれる思いで車に乗り込みます。

——これじゃ、輝仁《きらと》にさびしい思いをさせるために顔を見せたようなものじゃない。

自宅に帰る道すがら、私はここでも自己嫌悪《じこけんお》を感じたものです。

私が帰ってからのことを電話で母に聞くと、輝仁《きらと》は約2時間も泣き続け、やがて泣きつかれてぐったりして寝つくのが常《つね》だとか。そのかわいい寝顔を思えば、

——ああ、私は輝仁《きらと》に対しても母親の役割ができていないな。

と、胸が裂《さ》かれるようなさびしさ、つらさが募《つの》ります。

仕事以外でも、輝仁《きらと》はカゼをひいたときもすぐに私の実家に「強制送還」でした。健太郎にうつしては生命《いのち》にかかわるからです。病気のときにも母親から引き離されてしまうのですから、これも輝仁《きらと》には余りに酷《こく》な状況だったと思います。

一般的に障がいをもった子どもの兄弟姉妹は、本人以上につらい境遇を生きていると言われます。輝仁《きらと》は5歳までおしゃぶりがとれなかったり、幼稚園に通うようになってからも吃音《きつおん》が残っていたのですが、やはり幼少期に大きなストレスを抱えていたのだと思います。

健康で順調な発育ではあったけれど、強《し》いて言えば「弟が障がい児」という大きなハンディをもっていたことになります。

この子は祖父母からは十分すぎるほどの愛情を受けていたのだけれど、実の母親である私からの愛を、本能的にもっと欲していたのだと思います。

赤ん坊の根源的な欲求。それを、私は満たしてやることができなかったのです。輝《きら》仁《と》には、人生のスタート時点で、いろいろとつらい思いをさせてしまいました。

健太郎にはこっちの体、お兄ちゃんにはあっちの体、夫には、仕事には。

体がいくつもほしい——そう、心底思いました。

とてもむずかしい心臓の手術

健太郎は生後半年をこえるころになると、顔だちがだんだんダウン症特有の吊《つ》り目になっていきました。ダウン症の特徴として体の中心の筋肉が弱いので、顔の両脇の筋肉が左右に引っ張られて、吊り目になっていくそうなのです。

同時に、このころから表情も出てきました。呼吸はつらそうで絶えずハァハァ言っているのですが、呼びかけるとニコニコしてくれるのです。

「呼吸がきついんだから、そんなにニコニコしなくてもいいよ」

私がそう声をかけても、健太郎には意味がわかりませんから、よけいにニコニコしてくれます。その表情のかわいいことといったら。

そういえば、健太郎はいっさい夜泣きをしませんでした。もちろん泣けば呼吸が苦しくなるということもあったはずですが、夜は熟睡《じゅくすい》してくれるのです。普通の赤ちゃんならば夜中であろうとも2〜3時間おきに授乳が必要となりますが、そんなワガママはいっさい言わないのが健太郎でした。


「健太郎君は体重が10キロになったら手術をしたほうがいいでしょう」

病院の先生からは、早い段階でそう言われていました。

逆に言えば、生まれた直後の段階では、体力がないために手術には耐えられないだろうという診断でした。

本来なら、生まれた段階で肺動脈と大動脈の間に1本の細い血管が通っていて、生後2〜3カ月で閉じるそうです。ところが健太郎はそれが閉じなくて、それで心房と心室の壁がなくてもバランスがよかったらしいのです。

もしこの血管が閉じるようなら、生後2〜3カ月で大手術をしなければならないところでした。

とはいえ、健太郎が抱えている心臓病をきれいさっぱりと治すには、いつかは根治《こんち》手術が必要となります。いろいろ調べてみると、その成功率はとても低い、むずかしい手術であるらしいのです。

こんな小さな体で、生まれた瞬間から試練を受けているのに、まだこれから生死をかけた手術が待っているのか。そう思うと私たち夫婦は、目の前が真っ暗になる思いでした。

そんなことを知ってか知らずか、健太郎はますます明るい表情になっていきます。

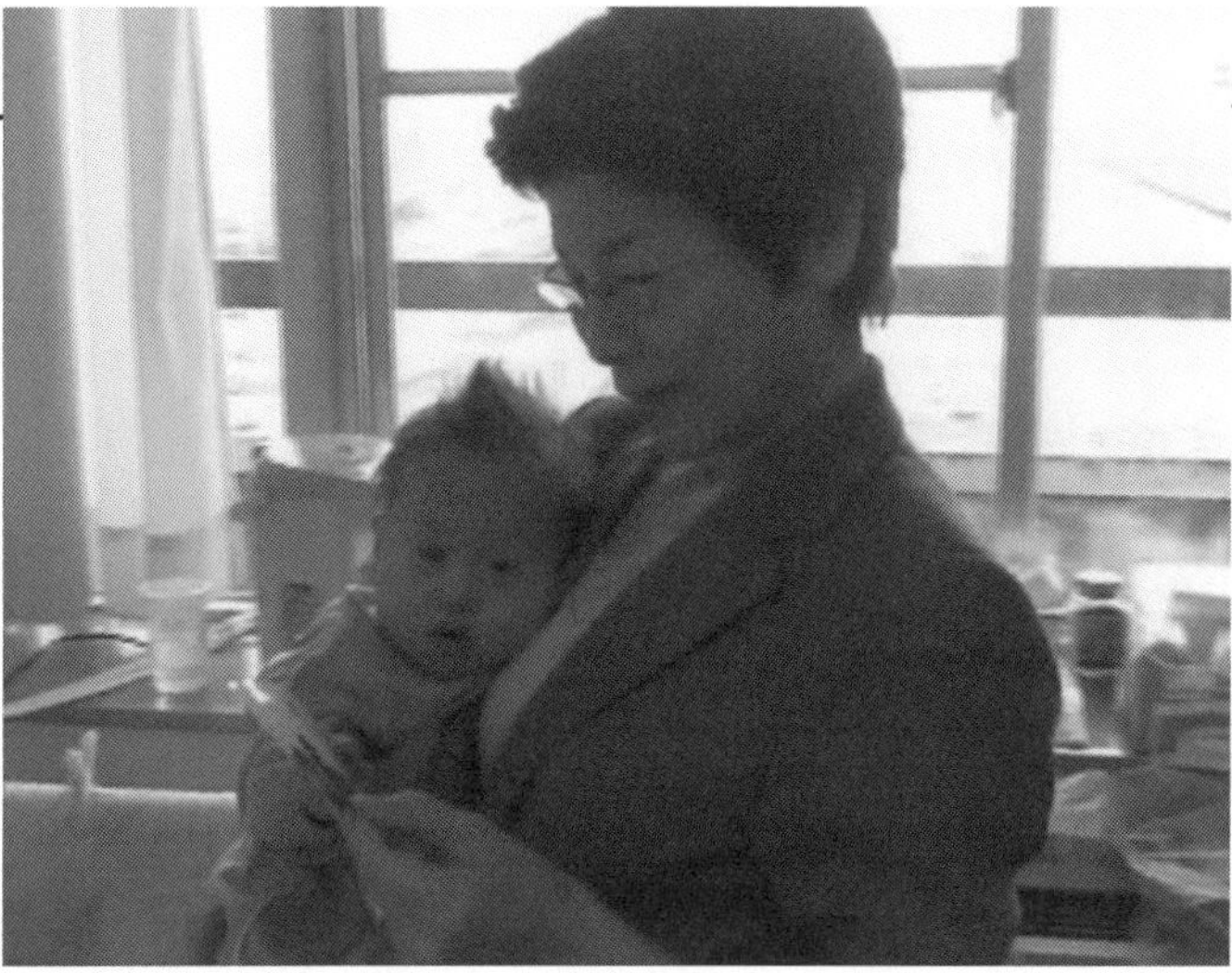

健太郎を見舞う義母。生まれたときから「なんてかわいい赤ちゃん！」とかわいがってくれました。この言葉に私はどれほど救われたことか！

1歳の誕生日。義父もいっしょに祝ってくれました。育児に協力してくれて、理解のある家族。私だけでなく、健太郎にとっても、しあわせな環境でした。

ハイハイもお座りもできませんが、寝ころがったままでニコニコしています。

その笑顔を見ながら、私たちはこんなことを語り合っていました。

「なんだか逆にこちらが励まされているみたいだね」

そう、周囲をしあわせな気持ちにするこの力こそ、ダウン症児特有のもの。どんなにきびしい境遇にあっても、この子たちはけっして争ったり悲観したりせず、ありのまま、まっすぐに現実と向き合う力をもっているのです。

私たちは、まだそのことには気づいていませんでした。

そのことに気づくためには、「手術」という大きな山を乗り越えることが必要だったのです。やがてその大きな山は、健太郎が2歳4カ月になるときにやってきました——。

2章

私のマラソン人生

5

いじめられっ子

運動会は、いつもビリ

私が初めて人生で「がんばる」ことを知った日。「勝つことの快感」に目覚めてしまった日。

それは、小学校5年生のときの秋の町内陸上大会でした。

「あけちゃーん、がんばれ～」

私の耳には、このとき初めて受けた両親からの応援の声が残っています。

この日私は、級友たちにすすめられるままに、町内陸上大会のマラソンレースに出場していました。すすめられたというよりも、いじめに近い形で強引《ごういん》に選手にされてしまったのです。

マラソンレースには、町内のすべての小学校から5年生、6年生の代表2〜3名が参加する決まりでした。今では信じてもらえないでしょうが、当時の私は駆《か》け足がクラスでもっとも遅く、しかもいじめられっ子でした。目立たない、おとなしい子だったのです。

マラソンの代表選手を決める日、どうせ私には関係のない話だろうと、私は話し合いの場を抜けだしてトイレに行きました。ほんの2〜3分のことです。駆け足の遅い私が代表に選ばれるなんて、思ってもみませんでした。ところが教室にもどってみると、

「マラソン代表・松野明美」

と書いてあるではありませんか。

——また、いじめられたんだ。

誰も希望者がいないマラソン選手に松野を選んでも、あいつならおとなしいから文句を言わないよ。そう思った級友たちが、勝手に指名したようなのです。

当時から私はクラスで一番小柄でした。しかも内気で引っ込み思案《じあん》。運動会の徒競

走でも、「よーい、ドン」とピストルが鳴ってもスタートできません。隣の子が走りだしたのを見て、そのあとを走りだすような子どもでした。もちろん結果はビリ。運動会が楽しいなんて、たった一度も思ったことはありませんでした。

ブカブカの運動靴

友達もいませんでした。

たとえば授業の合間の休み時間にも、誰も遊びに誘ってくれません。校庭に出て遊ぼうという気もおきません。それでも何かやっていないと、逆に目立ってしまいます。それもまたいじめの原因になるので、私なりに考えました。

——そうだ、教科書を読むフリをしていればいいんだ。

私は机の引き出しから教科書を出して、読むフリをしていました。本当はひと文字も読んでなんかいないのに。勉強もまた、大嫌いだったのです。

それに、わが家は子どもも心にも、けっして豊かな暮らしではないことがわかっていました。

町内陸上大会のとき、私は思いきってお母さんにお願いしました。

「ねえお母さん、私、底が硬い靴《くつ》しか持っとらんけん、マラソンシューズば買ってもよかね？」

するとお母さんはこう言ったのです。

「あけみ、あんたはどうせ優勝はせんとだけん、そのシューズでよかよか」

何がよかよかなもんですか！　私が履《は》いていた靴は底が硬いだけでなく、成長しても履けるようにサイズもブカブカだったのです。

こんな靴で走ったら、とたんに血豆ができてしまう！

しかたなく私は、当日靴下を3枚も重ねて履かなければなりませんでした。

それだけではありません。ほかの選手は皆かっこいいユニフォーム姿なのに、私ひとりだけ体操服と、かぼちゃのようなブルマー姿。

自分だけが時代おくれの、みじめな格好だったのです。

「やったば～い。あんたが1等賞たい！」

ところが――。

「よーい、ドン」でレースが始まったとたん、私はなぜか先頭を走り始めました。

「マラソン」といっても、小学生なので距離は1000メートル。200メートルのトラックを5周するレースだったと思います。

そのとき、聞こえてきたのです、あの声が。

「おーい、あけちゃ～ん、がんばれ～」

忘れもしません。両親の必死の応援でした。

それまで私は、両親から応援された経験がありませんでした。弟は学校の成績もよかったので期待されていたようですが、私は何をやってもドジで成績もよくなかったし、運動もまったくダメでしたから、声援を送ろうにもそんなシーンがなかったのだと思います。

ところがこの日、初めて両親の声援が聞こえてきたのです。

うれしかった！　お父さんとお母さんが初めて私を応援してくれている。あんなにうれしそうに手をふって！　私ががんばれば、こんなに喜んでくれるんだ！

そこから私は必死になりました。

——これは絶対に優勝せんといかん。

なぜかそう思い込んでしまったのです。

走りながら後ろをふり向くと、私よりはるかに大柄な子が余裕《よゆう》しゃくしゃくの表情で追いかけてきます。私より前に出ようとする子のことを、私は両手を左右に大きくふって邪魔《じゃま》しました。

追い抜くな追い抜くな。私より前にいっちゃダメ！

3周目、4周目、私はずっとトップでした。それでも追いかけてくる子がいます。

最後の5周目。まだまだ抜かれません。デッドヒートになりました。

抜かれそうになると、私はまた両手を大きく左右にふります。

追い抜くな追い抜くな。私より前にいっちゃダメ！

心臓ははち切れそうなくらいバクバクバクバク。それまでに体験したことのない苦しさです。でも目の前にゴールが迫ってくる。

追い抜くな追い抜くな。私より前にいっちゃダメ！

そう祈りながら倒れるようにゴールにかけ込むと、私は両親に抱きかかえられて、もみくちゃになりました。

「あけちゃん、やったば〜い。あんたが1等賞たい！」

それは、今まで私が見たことのない両親のうれしそうな笑顔でした。涙を流しながら喜んでくれたのです。

優勝したのはうれしかった。自分でもなぜ勝てたのか信じられなかった。

でもそれ以上に、このとき思ったのです。

私ががんばれば、両親はこんな笑顔を見せてくれるんだ、と。

それまで私は、両親がこんなに喜ぶ笑顔を見たことがありませんでした。生活が苦しくて、そんな余裕はなかったのだと思います。子ども心にあまり明るい家庭ではないなと思っていました。でも私ががんばれば、家族に光をともすことができる。このとき、それがわかったのです。

ずっと先のことですが、私は就職して実業団に入ってから、毎月かかさず初任給12万円を貯金していました。目的は、両親に喜んでもらうため。入社2年目のとき、ソウル五輪1万メートルの出場権をかけた試合に、私は両親を東京・代々木の国立競技場まで招待しました。父親はそのとき、「生まれて初めて飛行機に乗ったばい。明美ががんばったけん、生まれて初めて飛行機に乗ったばい」と、大喜びしてくれました。

そのときも、うれしかった。私ががんばることで、両親が喜んでくれる。走って1等賞になれば、いつもつらそうな表情をしている父親と母親が、本当に手放しで喜んでくれる。

それが私の最大の喜びだったのです。

ネクラな自分にサヨナラ

同時にこの日、町内陸上大会のマラソンで初めて1等賞になったとき、おとなしくていじめられっ子でネクラな自分とも「サヨナラ」するんだと心に決めました。両腕をふって邪魔《じゃま》しながら走ったのは、私にとって初めての自己主張でした。それまで、自分みたいな何もできない子は自分を主張しちゃいけないのかと思っていた。でも、やればできる、やってもいいんだと自信がついたのです。

子どもっておかしなものです。

たったひとつの出来事を境に、この日から私はガラリと生まれ変わりました。

次の日から、私は学校が終わったあとで、近所の田舎《いなか》道を走り始めました。

――私は長距離が速いんだ。だから、練習してもっと速くなろう。

そう思ったのです。いつしか、母がバイクで伴走《ばんそう》してくれるようになりました。それくらい、どんどん速くなっていったのです。

学校でも、徐々に自分から話すようになりました。すると少しずつ友人も増えていきます。勉強も運動も、以前に比べればはるかに積極的になりました。「やればできる」とわかったから、何をやっても面白くなっていったのです。

その結果、卒業のときについていたあだ名は「スピーカー」。

あっというまに、うるさいほどおしゃべりな子どもになっていました。

ビリか1番か、真ん中がまったくない極端な人生。とにかくこの陸上大会を境に、私の「がんばる人生」「1番を目指すたたかい」が始まったのです。

「衝撃」のデビュー

12人のゴボウ抜き！

「うしろから来た来た来た来た、ピンクのユニフォームの小柄な選手が猛烈なスピードで追い上げてきました。新人選手です。名前は――マツノアケミ、マツノアケミという選手だそうです。今、松野選手、日本長距離界のエース増田明美選手を抜き去っていきました。なんと12人抜きです～」

長距離ランナーとして私が全国デビューしたのは、1987年12月13日、全日本実業団対抗女子駅伝でした。私は先行する12人をゴボウ抜きして、非公認ながら10キロロードの日本最高記録32分17秒をマークしました。

小学校5年生のあの日から、すでに7年。この年、高校を卒業してニコニコドーというスーパーマーケットの陸上チームに入った私は、何がなんだかわからないままにこの大会に出場していました。

私が走ったのは、最長の4区10キロ。この区間には、当時長距離界のエース増田明美さんをはじめとして、各チームのエースがそろっていました。

そのレースでも、私はいっさい計算とか駆《か》け引きなし。初めて勝つ喜びを知った町内陸上大会と同様、とにかく最初から全力で飛ばしていけるところまでいこうと思っていました。もちろん倒れてもいい。死んでもいい。とにかく全力だったのです。

先行する増田さんのことは、走りながら意識していました。ずっと地面を見ながら走っていたのですが、あ、増田さんだと気づきました。なぜなら彼女の周囲にだけ、取材車に乗ったカメラマンが異様《いよう》に多かったから。たしか彼女は、海外遠征からもどってきて初のレースだったと思います。

でもあまり他人を意識しすぎたら、エネルギーが減ります。私はほかのランナーを抜くときと同様、一気にスパートをかけて増田さんを抜き去りました。

抜き去ったあと、誰かが私のうしろをピタリと着いてくるのを感じました。

――ふり切ったはずなのに、増田さんが逆にスパートして抜き返そうとしているのかしら。

私がふり返ると、それは増田さんではありませんでした。着いてきたのは、私のことを写真に撮《と》ろうと取材車で追いかけるカメラマンだったのです。

このレースはのちに、女子長距離界でのエース交代を示した勝負だったと言われたそうです。

このころから私にとって、走ることはけっして楽しいことではありませんでした。好きでもなかった。ただただ、全力でレースを走って、倒れながらもゴールを駆《か》け抜けた瞬間のあの喜び。苦しみに打ち勝ったときのあの気持ち。それだけを追い求めていました。

だからゴールに飛び込んだあとは、倒れてもいい。死んでもいい。むしろ、力を残してゴールに入ってしまったときの後悔《こうかい》のほうが、私には嫌《いや》だったのです。

私の「人の4倍練習」法

実業団に入ってから、私は人の2倍の練習量をこなすことを自分に課していました。そうしないと、この小さな体では人に勝てない、とさとったからです。

ニコニコドー・チームの早朝練習は、朝6時に始まります。寮で合宿生活をしている選手たちは、この時間に起きだしてグラウンドに出てきます。ほかの選手と同じ時間に起きたら、同じ練習量しかできません。私は朝4時半に起きだして、5時半まで誰もいないグラウンドをひとりで走りました。

そして終わったらいったん寮にもどって、またふとんにもぐって寝たふりをします。なぜならほかの選手に気づかれて同じ練習をされたら、それ以上に早起きをしなければならなくなるからです。

これで2倍の練習量を確保しました。

ところが、こうやってもまだ私より速い選手がいました。勝てないのです。

私は迷わずに、人の3倍の練習をすることにしました。

それはどうやるのか。

早朝練習が終わったあと、私たち選手は朝食をとって出勤となります。仕事中はスーパーマーケットの売り場に立つのですから、お化粧もしてスーツ姿で出勤します。寮から店舗までは片道5キロ、選手たちはバイクや車で通っていました。

私は、その道のりを走ることにしました。朝食後ふたたびジャージに着替え、デイパックにお弁当を入れて走って通うのです。往復で10キロ。これで人の3倍の練習量を確保しました。

こうなると、ほかの選手からはやっかみの目で見られます。練習やレースでいい記録が出るようになると、「明美はひとりで陰《かげ》で練習してる。もう放っておこうよ」。同僚たちは私抜きで遊びに行ってしまったり、ふだんの生活でも無視してきたのです。

でも私はかまわなかった。一人前になるためには、他人に勝つためには、それで当然だと思っていました。それだけではありません。これだけ練習しても勝てないとわかったとき、私は迷わず人の4倍の練習を工夫しました。

この段階に来ると、もう日常のなかから練習時間はひねり出せません。しぼるだけしぼってカチカチになった雑巾《ぞうきん》みたいなものです。一滴の水分も含まれていません。

ではどうするのか。私は、月に2回の練習の休みの日に着目《ちゃくもく》しました。もちろんこの日は、監督から「休め」と言われている日です。人間はマシンではないのですから、休まずにトレーニングしていたら壊《こわ》れてしまいます。いやマシンですら、油を差したりメンテナンスが必要なのです。これ以上練習するのは危険だと言われていました。

でも私は、勝負に勝つためには練習しかないと思っていました。休みの日に帰省《きせい》する実家までの片道25キロ、往復50キロを走ることにしたのです。もちろん監督や同僚に見つからないように、寮を出るときはバスに乗るフリをします。寮が見えなくなるところまでやってくると、いきなり走りだします。

このころは、もう頭のなかは走ることばかり。ほかには何も考えず、ただただ練習を積み重ねていました。だからこそ、レースのスタートラインに立つときには「これだけやったんだから絶対に勝てる」と自信をもつことができたのです。

だんとつのトップで、失格

このころ私は、一種の催眠術にかかっていたのかもしれません。

「おまえなら、オリンピックの選手になれる」

私を陸上の虜《とりこ》にしたのは、ニコニコドー陸上部監督の岡田正裕《おかだまさひろ》さんの、このひとことでした。

私の高校時代、岡田監督は2度も3度も学校に通ってきてくださって、私を熱心に勧誘してくれました。私は実業団に行く気はさらさらなかったので、当初は会いもしませんでしたが、監督はあきらめませんでした。

高校時代、私は中・長距離を走ってはいましたが、全国的にはまったく無名の選手でした。九州地区では「小柄ながら速い選手」として、そこそこ知られてはいたようですが、それ以上ではありません。ほかの多くの選手と同様、1度はインターハイに出たい、1度は国体に出たいと願うレベルの選手だったのです。

それに、運もありませんでした。全国大会への夢が1度だけかないかけたときのこと。沖縄で開かれたインターハイ九州予選、3000メートルに出場した私は、だんとつのトップでゴールしたことがありました。

これで夢だったインターハイに出場できる。

そう喜んでいました。

ところがレースのあと、審判から異議が出されたのです。

――レース中、松野選手の足が1歩インフィールドに入りました。

当時私は147センチ、35キロ、足のサイズは21・5センチ。小学校4〜5年生程度の体格でした。その小さな体で先頭を走っていた私は、沖縄特有の突風にふきとばされて、インフィールドに1歩足をふみ入れてしまったのです。

不運なことに、それは審判の目の前の出来事でした。しっかりと見られていたのです。

レース後、賞状をもらう直前になって、私は「失格」を宣告されました。そのレースでは上位6位までがインターハイに行ける決まりでしたが、7位の選手の学校から「失格ではないか」と意見が出て、私の優勝は取り消されてしまったのです。

——ま、いいや。これでせいせいした。看護婦（当時の職業名。現在は看護師）になるための勉強に励もう。

私はそう気を取り直して勉強を始めました。もとから高校を卒業してまで陸上を続ける気はまったくなかったのです。私の夢は看護婦さんでした。看護学校を受験するために、学校の課外授業を受けたり、夏休みも一日も休まずに図書館に通って勉強に打ち込む日々。「陸上のことはすっかり忘れていた」はずでした。

「お前ならオリンピックに絶対出られるけん！」

ところがそんな私を、ぐいっと陸上に引きもどそうとする人がいました。

それが岡田正裕《おかだまさひろ》監督だったのです。

俗説では、岡田監督は沖縄でのレースを見ていて、「倒れそうになりながらも前に進もうとする松野の姿に感動した」と言われています。でもそれはウソだと思います。監督はあのレースの場には来ていません。当時ニコニコドーは新設のチームで、入部希望者がいなかったのです。高校の強豪《きょうごう》選手は、大学や実業団の老舗《しにせ》チームに入ってしまい、私レベルの選手しか口説《くど》けなかったのだと思います。

松野が入ってくれれば、他の選手も入ってくれるだろう。その程度の認識だったのではないでしょうか。事実、監督はあとになって、「松野の活躍は宝くじに当たったようなもの」と言っていましたから。

とはいえ私には、岡田監督との出会いは衝撃的でした。

あの日、岡田監督があまり何回も学校に通ってこられるので、私ははっきりとことわろうと思っていました。たしか受験まで1カ月をきっていたと思います。すべてを受験に集中したかったのです。

体育教官室で初めて向かい合った岡田監督は、タヌキのような人でした。もっとカッコイイ人かと思っていた私は、そこでも幻滅《げんめつ》でした。

ところが雑談をしているなかで、話題がオリンピックになったのです。

「監督、そこまでおっしゃるなら、私はオリンピックの選手になれますか？」

私が訊《き》くと、岡田監督は自信満々の表情で即答しました。

「おまえならなれる。オリンピックに絶対出られるけん！」

そのひとことで決まりです。

「わかりました。がんばります。よろしくお願いいたします」

一瞬にして催眠術にかかった私は、そう答えていたのです。それまでは、今日こそキッパリとことわろうと思っていたのに。そこまで言ってくださるのならと、まったく正反対の結論を即答してしまったのです。何ごとにも中途半端《ちゅうとはんぱ》がきらいな、私らしいといえば私らしいエピソードです。

でも、あとから考えると、監督は私になんか全然期待していなかった。なぜならこの年にニコニコドー陸上部に入ったのはわずかに5人。駅伝チームをつくるギリギリの人数。つまり私は、人数あわせのために勧誘されたのです。

それでも催眠術の威力は絶大でした。

入部すると、思い込みのはげしい私は人の何倍も練習しました。練習が終われば、体を休めるために人よりも早く寝ないといけないと思い、ほかの選手のように食事のあとでテレビを観《み》ることはありませんでした。現役時代は喫茶店で友達とおしゃべりして過ごした記憶もありません。休みの日でも友人と会ったことはないし、息抜きの意味で遊びに行ったこともありません。24時間365日、すべての瞬間で人よりもプラスになることをしていよう、少しでも速く走るための何かをしよう、ムダなことはいっさいやるまい、と思っていたのです。

お金もファッションも過剰に節約

その「ムダなことはいっさいやるまい」は、おカネの節約にも向かいました。

ニコニコドー時代、食事は寮で出ましたし、ユニフォームやシューズも支給されました。私は速く走る以外のこと、たとえばお化粧とかファッションにはまったく興味がありませんでしたから、お給料のほとんどは貯金にまわせたのです。

そのうち、お金を使わないことがクセになってきました。そして、それがどんどんエスカレートしていくのです。何ごとにも中途半端がきらいな私の気持ちが「節約」に向かってしまったのです。

ノドがかわいても、私は自動販売機で水やジュースを買わずに寮に帰って麦茶を飲みました。誰かがおごってくれなかったら、絶対に外食はなし。たまに遠征でご飯がでないときは、コンビニで食パンを買ってすませていました。もちろんチームでもそんなことをしているのは私だけです。

結婚してからも、このクセは続きました。わが家は光熱費に関してはきびしいんです。夫に対しては、電気の消し忘れ、シャワーの使いすぎ、すべて罰金100円を徴収《ちょうしゅう》します。外で飲むときも、「できるかぎりおごってもらってね、後輩におごらないといけないときは5000円までね」と限度を決めます。そこまで徹底しないとがまんできないのです。

駆け引きはいっさいなし

もちろん、その過剰なエネルギーは、何よりも走ることに向けられました。レースが始まれば、私は風景や観衆などまったく見ませんでした。ひたすら地面を見つめながら、ペース配分や駆け引きは考えずに、全力で走っていました。

おもな成績は以下のとおりです。

87年10月、沖縄国体5000メートル優勝
12月、第7回全日本実業団対抗女子駅伝、非公認10キロロードレース日本最高32分17秒マーク（ニコニコドーは7位）
88年1月、第6回全国都道府県女子駅伝、9区区間賞（熊本チーム4位）

6月、日本陸上競技選手権1万メートル優勝

6月、ソウル・オリンピック1万メートル予選9位（日本新記録32分19秒57）

89年4月、熊本選手権1万メートル日本新記録31分54秒00（日本女子初の31分台）

12月、バルセロナ国際女子駅伝、2区区間賞（日本チーム2位）

90年1月、第8回全国都道府県女子駅伝、9区区間賞（熊本チームは2位）

2月、第8回横浜国際女子駅伝（日本チーム初優勝）

6月、日本陸上競技選手権1万メートル、2度目の優勝

12月、第10回全日本実業団対抗女子駅伝、4区区間賞新記録（ニコニコドー3位）

91年8月、世界陸上（東京大会）1万メートル、予選12位

19歳から実業団選手として走り始めた私は、このようにトラックと駅伝でいくつものレースを戦って、やがて92年、マラソンに転向します。

そして私の「過剰な人生」を象徴《しょうちょう》する、あの出来事と出合ってしまうのです。

私を選んでください

100パーセント私が選ばれる

「私、オリンピックに出たらメダルを取れると本当に確実に思っています。そのためにも一生懸命がんばって練習していますので、どうぞ、選んでください」

「やっぱり、強い人は強いと思いますので、強い人を選んでほしいです」

92年、バルセロナ・オリンピックのマラソン代表選手発表の数日前。

多くのテレビカメラや新聞、雑誌の記者さんたちを前にして、ひきつったような笑顔でそう語る私がいました。

あまりにも有名になってしまった、「私を選んでください」という異例の記者会見。

このことで、世間からの私のイメージは「過剰な女」というものになってしまったようです。

このとき自分では、なぜ記者会見を開かないといけないのか、そこにどんなメディアが集まっているのか、まったくわかっていませんでした。ただチーム関係者に言われるままにホテルに出かけてみたら、予想もしない大勢の記者さんが集まっていて、何がなんだかわからないままの記者会見だったのです。

このとき私は、100パーセント、自分が代表に選ばれると思っていました。

すでに92年1月に行われたバルセロナ・オリンピックの代表選考レースを兼ねた大阪国際女子マラソンにおいて、私は日本歴代2位の2時間27分02秒の記録で2位に入っていました。1位も日本の小鴨《こがも》由水《ゆみ》選手（日本最高記録）でしたから、私たち2人が代表に選ばれて当然だと思っていたのです。

ところがオリンピックが近づくにつれて、関係者の間では、私よりも前年の世界陸上東京大会女子マラソンで4位になった有森裕子選手を推《お》す声が強いといううわさが流れてきたのです。

いえ、正確にいえば私自身はそんな声があることは知りませんでした。有森さんのことは気にもしていなかったのです。なぜなら私は走ることに夢中で、新聞や雑誌、テレビのニュースなどにはまったく興味もなかったのですから。

このころは、1つの大会が終わるとすぐに次の大会の準備、練習、そして合宿、その繰り返しでした。寮で寝ていても、「明美先輩の部屋から深夜に叫び声が聞こえてくる」と言われたものです。

「追い越される〜」「私を抜かないで〜」

私は夢のなかでもレースを走っていて、ライバルとデッドヒートを繰り広げていたのです。そんな現役選手にとっては、自分のことを世間がどう思っているのか、選考レースがどんな展開になっているのか、そんなことを冷静に考える暇はありません。

とはいえオリンピックが近づくと、練習にはマスコミの記者さんがたくさん詰めかけるようになっていました。インタビューや取材の申し込みもたくさんあったようです。私はすべて会社の人に任せていましたから、まったく興味はありませんでした。

むしろ当時私は、マスコミ嫌いで有名でした。熊本の新聞記者さんたちも、松野のところには行きたくないと言っていたようです。何しろ私は愛想が悪かったし、取材を受けること自体がきらいでしたから。インタビュー中も不機嫌《ふきげん》だったのです。ニコニコドーの社長さんですら、「試合前の松野とは話したくない。こわい」と言っていたほどです。

メディアに記事を書いてもらっても、記録が伸びるわけではありません。質問に答える時間があるなら、少しでもトレーニングしたい、少しでも休みたい。写真なんてなんで撮《と》るの、フン！

いつもそんな態度でした。

「メダル、メダル、メダルを取るって言え！」

だから「記者会見を開くからホテルに行くように」と言われた日も、何がなんだかわかりませんでした。私の後援会の人が気を回して開いてくれたのだと聞いていまし

記者会見をする岡田監督と私。後に話題になった「私を選んでください」会見です。記録を残し、人の何倍も練習をしてきた私は、当然、マラソン代表に選ばれると思っていました。

たから、せいぜい顔見知りの熊本のローカル紙の記者さんや地方局のテレビカメラが集まっていて、そこで話をすればいいのかと思っていたのです。

ところが部屋に入ってみると、狭い部屋にはぎっしりと記者さんが詰めかけています。テレビカメラが何台も並び、スチール・カメラマンも大勢います。

——あれ？　なんか雰囲気《ふんいき》が違うなぁ。

そう思っていると、横に並んだ監督が私の膝《ひざ》をついて小声で言うのです。

「メダル、メダル、メダルを取るって言え！」

だから私は、監督の指示のままに「メダルを取ります。私を選んでください」と言ったのです。ただそれだけのことです。ところが報道されるときは、その発言だけ切り取られて流されてしまいました。いつのまにか「女の怨念《おんねん》」といったタイトルを付けられて、全国に流されてしまったのです。

もちろん、私は自分が100パーセント選ばれると思っていました。だから、落選したときはそれはショックでした。自分が選手として一番ピークのときにオリンピックに出たかった。いや、出るつもりだったのです。そのために、あんなに苦しい練習を続けてきたのですから。

バルセロナ・オリンピック女子マラソンのレースのときは、次のレースに備えて、北海道合宿中でした。ボロボロボロボロ泣きながら、テレビの前に座っていました。レースのことは見ていたようで見ていない。思うことは「私がこのコースを走っていたら」と、そればかり。

あのときは、有森さんがエゴロワとデッドヒートを繰り広げて、2位の銀メダルを獲得しました。そのとき私に込み上げてきたのは、おめでとうではなく、憎しみでした。勝負師なのだから当然です。私だったら金メダルだった。私だったらエゴロワに負けなかった。

そんなことばかり考えていました。

その後約2カ月間、私は走れませんでした。練習で5分くらい走ると、すぐに立ち止まってしまう。体がいうことをきかないのです。

現役時代、そんな経験をしたのは初めてでした。

体は正直です。走ることを体が拒否していたのだと思います。

試練だらけの青春

こうしてみると、陸上選手としての私の青春時代は、あまりにも試練の連続だったと思います。

高校時代は、強風にふきとばされて失格でインターハイに行けなかった。

ソウル・オリンピックでは1万メートルの代表として出場しても、予選9位で決勝に進めなかった。このときは日本新記録を出しているのです、それなのに——。あとひとつ順位が上ならば決勝に残れたのに、それもかなわなかった。

そしてバルセロナ・オリンピックでは涙の落選。

何より、風にふきとばされてしまうような小柄な体で、日本人選手だけでなく大柄な外国人選手ともたたかっていたのです。レースになると、私の視線は外国人選手の腰のあたりにあって、大きなお尻を見ながら走っているようなものでした。

体力的に言えば、もともと勝負すること自体が試練だったのです。

女子長距離界では、花の68年組とも呼ばれて、ひとつの時代をつくったかのように語られることがあります。でも私自身はオリンピックでメダルを取ったわけじゃないし、世界的なマラソンレースで優勝したわけでもありません。

何か中途半端な存在だったなと、今になれば思います。いい思い出なんてひとつもありません。もちろん現役時代は夢中で走っていましたから、そんなことすら考えませんでしたけれど——。

唯一《ゆいいつ》あるとしたら、選手としてデビューのころ、「陸上界のゴクミ」と呼ばれていたことでしょうか。もう誰も覚えてくれていませんが（苦笑）。

19〜20歳のころはあの女優の後藤久美子さんに似ていると言われて、ニコニコドーの売り場には追っかけの男性もチラホラ見えたのです。当時私の担当は宝石売り場でした。そんなところに男性がやってくるのですから、ひと目でそれとわかってしまいます。とはいえ私のファンですから、みんな、柱のかげからコソッと見ているような、控えめな人がほとんどでしたけれど。

私にしても20歳のころでしたから、恋愛なんて思いもよりませんでした。とにかく走るのに夢中で、ファンなんていてもちっとも速くならない、かえって邪魔《じゃま》だと思っていたほどです。知らんぷりしていました。

頼れるのは自分だけ

そんな現役時代、私は勝負において、ゲンを担《かつ》ぐということをしませんでした。願かけもしません。そういう「他力《たりき》」にすがることが嫌《いや》だったのです。

なぜなら、レースはスタートのピストルが鳴ったら、自分だけです、頼れるのは。どんなに名監督の指導を受けても献身的なコーチがいても、スタート地点まではいっしょについてきてくれますが、そこからは自分独《ひと》りの42・195キロが始まります。沿道の観衆の声援も選手を勇気づけてはくれますが、走るのは自分自身。誰も助けてはくれません。誰にも頼れない。だから私は、自分以外のものに頼るのが嫌だったのです。

現役時代、私はレースにおいても生活のなかでも、けっして立ち止まってはダメだと思っていました。本当にギリギリまで自分を追い詰めて鍛《きた》えていたので、1度立ち止まったらもう立ち直れない。ふたたび走りだすことはむずかしい。常に前に前に進んでいないといけないと思い込んでいました。

だから現役時代は、どんな悩みがあろうと、誰にも相談しませんでした。相談する相手もいませんでした。もちろん練習方法や食生活については監督やコーチの指導を受けますが、悩みの相談とは違います。悩みを打ち明けるというのは自分の弱みを見せること。弱みを見せてしまったら、そこからライバルにつけ込まれる。何より、張り詰めている自分の緊張感がそこから壊《こわ》れてしまう。

そう思い込んでいたのです。

がんばって、がんばって、がんばって、誰にも相談なんかしないで必死に駆《か》けていく。1番でゴールに飛び込めば人が認めてくれるし、2番以下はビリと同じ。松野明美の価値はそこで決まる。人に弱みを見せるのは絶対に嫌《いや》。そこから負けが始まるから――。

幾多の試練を乗り越えながら生きてきたことで、私にはその生き方が染《し》みついてしまいました。

がんばる人生。1番じゃなければ価値がない人生。それは私の存在証明だったのです。

健太郎が生まれるまでは。

そして、健太郎が生まれてからも――。

3章

人生の負け

8

手術当日

こんな同意書、サインできません

1年365日、現役を引退してからも大雨の日をのぞくとほぼ毎日走っていた私が、1日だけ、自分の意志で走ることをやめた日がありました。

2006年4月4日。この日は、生後2歳4カ月を迎え体重も10キロになった健太郎が、ついに手術を受ける日でした。

朝8時前から手術の準備が始まりました。健太郎は、運命の日とも知らずにベッドの上でニコニコしています。その笑顔があまりにかわいく無垢《むく》で、私はあふれる涙をぬぐうこともできません。とても走るどころではなかったのです。

この日の朝まで、私は夫と「手術しなくても生きていける確率があるなら、手術はしないほうがいいのではないか」と話し合っていました。もう2人の間でも家族のなかでも結論はとっくに出ていたのにもかかわらず、です。

健太郎の心臓はこの段階でもう限界でした。ギリギリの状況で生きている。今手術しなかったら、長い間生きられない。

それが病院の先生から告げられた現実でした。

ところが、手術を担当してくださることになった福岡市立こども病院の心臓血管外科の先生が、私たちを前にしてこうおっしゃったのです。

「手術する以上リスクは当然あります。リスクのない手術はありません。ご両親は覚悟してください」

その言葉に、私はいつものとおり「過剰な」反応を起こしていました。

「先生！　リスクってなんですか？　健太郎をよくしてくれるんじゃないんですか！」

先生につかみかからんばかりの勢いです。今なら、わかります。むしろ先生は、医師の良心として正直にリスクのことをお話しくださっていたのだと――。

「もちろん私たちは全力をふりしぼって手術にあたります。でも、どんな手術にもリスクはあります。この同意書にサインをお願いします」

先生が出してきた書類を見ると、そこには手術することで起きる可能性のある症状がつらつらと書かれていました。心不全《しんふぜん》、心機能《しんきのう》停止、脳出血、感染症《かんせんしょう》などなど。いずれも健太郎の生命をおびやかす症状ばかりです。私は思わずこう言い返してしまいました。

「ダメです！　こんな書類にサインはできません。健太郎を絶対に治《なお》してください！そうでなかったらダメです！」

これでは話になりません。このときは夫が取りなしてくれて同意書にもサインしてくれたからよかったものの、先生方とも一触即発《いっしょくそくはつ》の状態でした。

こんなにもまわりが見えなくなってしまうほど、私にとって健太郎の手術は、できたら避《さ》けたいことでした。もちろん手術をして健太郎が全快してほしいという強い気持ちはありました。でも手術室の扉が開いたとき、もう二度と瞳を開けない健太郎がいたらどうしよう。あの笑顔が見られなくなったらどうしよう。

そう思うと私は、いてもたってもいられなかったのです。

生きていてもらわないと困ります！

健太郎の手術をめぐっては、福岡市立こども病院にたどり着くまでに、ひと騒動ありました。

誕生からずっとお世話になっていた市内の病院では、「体重が10キロになるのをメドに手術を考えましょう」と言われていました。とはいえ、成長するにつれ健太郎の体に必要な酸素の量は増えていきます。このころになると健太郎の血中酸素量は、当初の80という数字を徐々に下回るようになりました。それが60を下回るようになったら手術が必要です、と言われていたのです。

その手術にも、いくつか方法があることがわかりました。私たちは素人《しろうと》ですから、くわしいことはわかりませんが、健常者と同じ心臓の状態にする根治《こんち》手術がベスト。

しかし成長の具合によってそれがむずかしい場合には、心臓を経由せずに静脈をダイレクトにつないでしまう手術もあるということでした。

市内の病院では、「根治手術はうちではできない」と言われました。

私はそれを聞いたとき、またしても先生の前で思わず叫《さけ》んでいました。

「健太郎は生きていてもらわないと困ります!!」

このときも無我夢中《むがむちゅう》でした。先生の言葉を聞いていて、「私はこの子が生きていなかったら自分も生きていけない」と思ってしまったのです。その気持ちが凝縮《ぎょうしゅく》されて、こんな言葉まで飛びだしてしまいました。

「その手術がここでできないのなら、ほかの病院を自分たちで探します！」

これまた、なんと常識やぶりの言い方だったことでしょう。今までお世話になってきた先生を敵にまわすような言い方です。でも、あのときの私は必死だった。そして本当に「病院をかえてでも健太郎を完治させる、手術を成功させる」という一心だったのです。

このひとことを言ってしまってからは、紆余曲折《うよきょくせつ》の連続でした。

私たちが福岡市立こども病院でも心臓手術ができるらしいとの情報を得て、市内の病院の主治医の先生に「セカンド・オピニオンがほしいので福岡の病院に健太郎の資料を送ってほしい」と頼むと、当初は「忙しい」とことわられました。

また「過剰《かじょう》な」私の登場です。

「はぁ？　忙しいってなんですか。人の生命《いのち》がかかっているんですよ！」

その剣幕《けんまく》に押されて、先生もやっと承諾《しょうだく》してくれました。

健ちゃん、似合いすぎ……

福岡の病院に行ってみると、最初に言われたのはこんな言葉でした。

「よくここまで育ちましたね。もう健太郎君の心臓はギリギリの状態です。すぐに手術をしましょう」

このときの検査では、血中酸素濃度は60を指していました。これが50になったら生命が危ない状態と言われています。すでに健太郎の指先は、酸素を含んだ血が通わないためにパンパンにむくんだ状態でした。手足もどす黒く、はれ上がっています。本当に健太郎の心臓はギリギリの状態だったのです。

このとき、福岡市立こども病院には、約400人の子どもが手術待ちをしていたといいます。ところが健太郎の状態があまりに切羽《せっぱ》詰まっていたために、先生は最優先で健太郎の手術をしてくれることになりました。

病状から見ても、私たちが強引《ごういん》に病院をかえたのは正解でした。健太郎にとっても、幸運だったのです。

こうして4月4日、外では桜吹雪《ふぶき》が舞うなかで、手術が行われることになりました。

あらかじめ先生に言われていたのは、手術には約7時間もかかること。そのうち、心臓を停止していられる時間は3時間であること。もし胸を開いて心臓を調べてみて、手術できないと判断したら何もせずに胸をぬって閉じることもあること。そして成功の確率は「8割くらい」との説明でした。でもあとから聞くと、本当は五分五分《ぶぶ》くらいの確率だったそうです。私があまりにうるさく文句を言うものだから、少し成功率

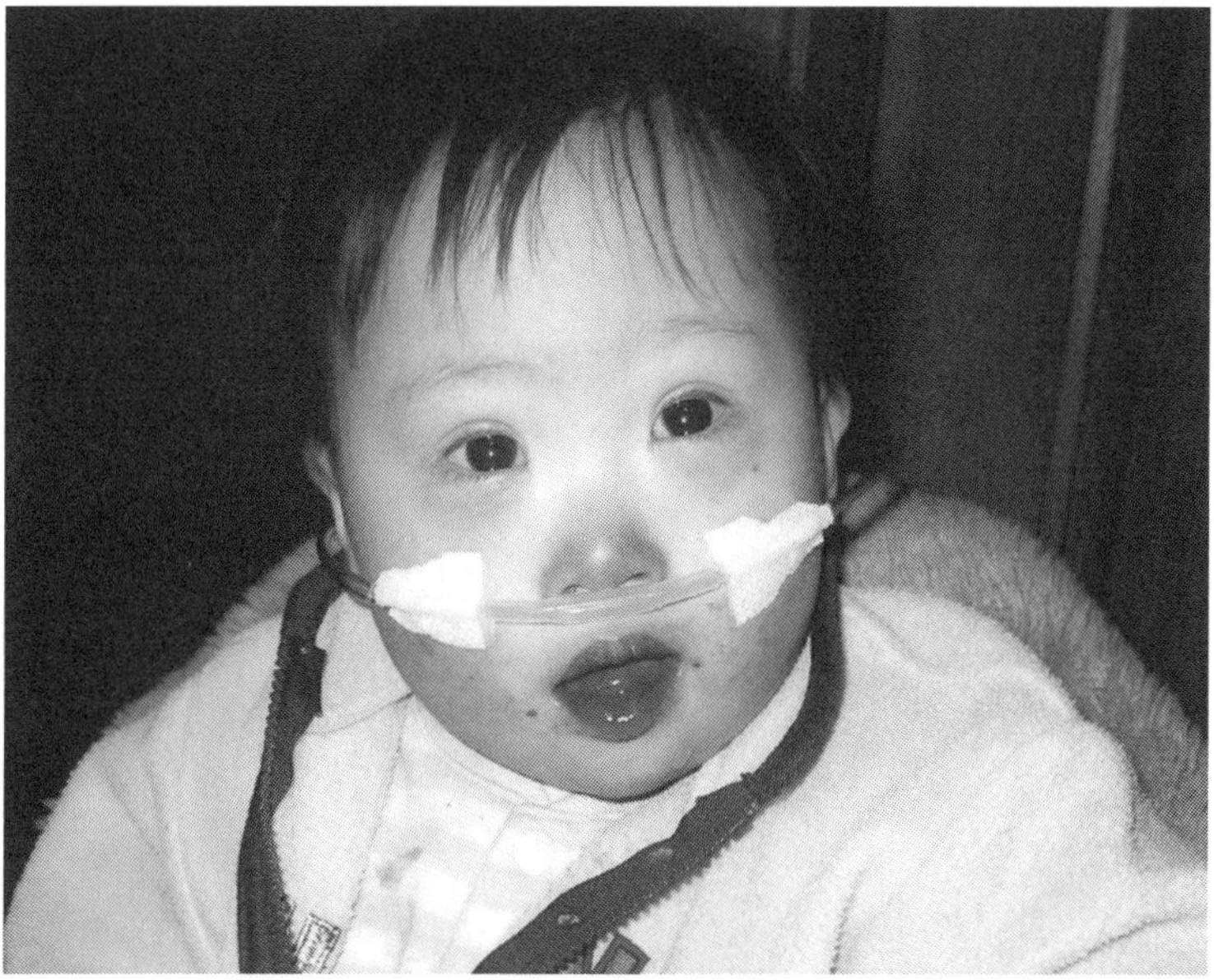

手術を受ける1カ月前。血中酸素濃度が通常の60%しかなく、健太郎の心臓はギリギリの状態。
こんな小さな体で7時間もの手術に耐えられるのか、心配でなりませんでした。

を高めに言ってくださったようなのです。

いずれにしても、生死をかけた手術ということは明らかでした。手術室の扉が早く開いてもダメ。長すぎて、時間がかかりすぎてもダメ。どちらも健太郎の生命の火は消えてしまいます。

そのことがわかっていただけに、いざ手術室に運ばれるという段階になって、私はぽろぽろぽろぽろぽろ涙が止まりませんでした。生きた心地がしないのです。

夫はわりと冷静で、「よくなるために手術に行くんだから、もう泣くな」とさとしてくれました。でもダメでした。何より、健太郎が着せてもらった真っ白な手術服が、目に痛すぎるのです。

なぜなら、私にはそれが白装束《しろしょうぞく》に見えたから。

――健ちゃん、似合いすぎてる。

私の気持ちをよそに、本人はベッドの上でニコニコニコニコしています。私には、いっそうつらい光景でした。

こうして、健太郎の試練の7時間が始まったのです。

9

バラエティ番組

明るく元気な、タレント松野明美

このころの私には、じつは別の試練もありました。

それは、健太郎を産《う》んで数カ月後から、仕事を再開したことでした。

病院では健太郎の生命《いのち》を心配する日々でしたが、一歩外に出て仕事にもどると、こちらでは「明るく元気な松野明美」でなければならないと私は思い込んでいました。

――健太郎のことはいっさい誰にも気づかれないようにして、明るくふる舞っていなければならない。自分を守らなければならない。

今思えばずいぶん自分勝手な「使命」を感じながら、世間の目というプレッシャーともたたかっていたのです。

「めちゃ2イケてるッ」「ジャンクSPORTS」「とんねるずのみなさんのおかげでした」「ネプリーグ」「スポコン」「学校へ行こう!」「ザ・カラオケバトル」などなど。

このころの私は、出演交渉を受けたバラエティ番組には、健太郎の手術の日をのぞけば、ほとんどことわることなく出演していました。

収録は東京や大阪のテレビ局で行われますから、私と夫は仕事がある日は輝仁《きらと》をおばあちゃんにあずけて家を出ます。途中、入院している健太郎を病院に見舞い、そこから空港に向かうのです。

病院を出た瞬間に、私は自分のチャンネルを「仕事モード」にきりかえます。病院にいる間は健太郎のことだけを思い、「帰ってくるまで絶対に生きていてよ!」と祈っているのですが、仕事モードになると「明るく元気な松野明美」になりきるのです。

——私には何ひとつ悩みごとなどない。いつも元気。私がいれば周囲が明るくなる。そういう存在でなければならない、と自分に言い聞かせました。

同時に、こんな気持ちもあったのです。

——仕事の間だけは健太郎のことを忘れていい。何も考えずに、明るくふる舞っていていいんだ。

このころの私にとって、仕事はある種の「息抜き」に近いものでした。生活のなかで、唯一《ゆいいつ》、健太郎のことを忘れられる時間だった。だからこそ仕事を辞められなかった、という言い方もできるかもしれません。

病院→空港→テレビ局→ホテル→空港→病院。

このころは、このパターンの移動を何度繰り返したことでしょう。手術が終わるまで、健太郎にとってはほぼ病院が家でしたから、私も病院を基点に移動をしながら仕事をこなしていたのです。

そしてそのときどきで、自分の気持ちは自分でも信じられないほど豹変《ひょうへん》していきました。

病院では、「健太郎、私が帰るまで絶対に生きていてよ!」。

健太郎の生命こそが、私にとってもっとも大切なものでした。

ところが飛行機に乗ると、健太郎のことは2番以下となり、1番は自分のことになっています。

「あぁ、なんであんな子を産《う》んでしまったんだろう。あの子さえ産まなければこんな苦労はしなくてすんだのに」――。

そしてテレビ局に入ると、楽屋《がくや》の段階からすべてを忘れてハイテンションになります。「聖子を」と言われれば松田聖子さんのものまねをし、「キョンキョンを」と言われれば小泉今日子さんになりきります。そして、共演する芸人さんがかすんでしまうほどハイテンションになって、マシンガントークを展開していくのです。

「2人目のお子さんを出産してどうでした？」などと聞かれても、まったくひるみません。

「元気元気、楽しく子育てしています」

軽くかわして、次の話題で笑いを取っていきます。

――松野明美に何かあると思われたら「負け」。悩みがあると思われたら、私は勝負に負けたことになる！

テレビカメラの前では、本気でそう思っていました。自分でも不思議なほど、矛盾《むじゅん》のかたまりだったのです。

私がいちばんウケなければ！

そんな私のことを、きらっている芸人さんたちがいることもわかっていました。

私は自分の勝負に負けたくないがゆえに、ほかの芸人さんとバランスを取ることをまったく考えませんでした。本番中に発言を遠慮するとか、自分の登場シーンを控えるとか、そういう配慮《はいりょ》ができないのです。

普通の芸能人ならば、言わずもがなで事務所同士の力関係とか、タレントとしての「格」のようなものを考えます。もちろん芸人ですから目立たないといけないのですが、自分より格上のタレントさんよりも目立つようなふる舞いは、本能的に避《さ》けるようです。

司会を務めるような大物タレントさんに対しては、気に入られるように気をつかって寄り添っていくような芸当もあるのかもしれません。

ところが私には、事務所は自分ひとりですし、いっさいそのようなしがらみがありません。番組内でのふる舞いも、視聴者に笑いを取るのも、計算ずくでやっているのではなく、すべて本気モードなのです。

――とにかくいつも全力で。いけるところまでいけばあとは倒れてもいい、死んでもいい。力を出しきらなければ意味がない。ウケるのも1番でなければ負けだ。

マラソンレースのときと同じ心境で、私はテレビ局のスタジオでもタレントさん相手に勝手に「勝負」をかけていたのです。

そんなマアチュアっぽい存在がいたら、ベテラン芸人さんほど嫌《いや》がるものです。私の顔を見ると、あからさまに「フン」とそっぽを向く人もいました。

制作スタッフに対して、「あの人と共演するのはイヤ」と言う人もいました。あれだけ何回もバラエティ番組に出演したのに、共演者やスタッフから食事に誘われたことは一度もなかったというのも、きらわれていた証拠だと思います。

でも、私はそれでいいと思っていました。きらわれてナンボだ、と。芸能の世界で生きていく以上、共演者からきらわれるくらいに目立たなければ人様《ひとさま》から認めてもらえない、と信じていたのです。

きらわれていたのは、共演する芸人さんだけではなかったと思います。視聴者のなかにも、「松野明美は何か痛々しい」「テンション高すぎ、見苦しい」と思っている方もいらしたと思います。

でもそう思われても、私にはあまりショックではありませんでした。

なぜならそんなこと以上に苦しいこと、きついことばかりを経験する人生だったから。

健太郎のことを考えたら、日ごろの苦しさのほうが何倍もきびしいものだったので、そのほかのことはあまり気にならなかったのです。

むしろ、面と向かって「きらいです」と言われたほうが、自分自身ががんばっている証拠になると思っていたほどです。

誰かに相談したら「負け」

でも、そんなふうに場面によって180度自分自身をきりかえる生き方は、正直いって疲れます。

現役のレースのときもゴールすると力尽きてバッタリ倒れるのが私の特徴でしたが、テレビの世界でも同じでした。本番の収録が終わってテレビ局の玄関を出た瞬間、人が変わったように「ムッ」として無表情になり、無口になる自分がいたのです。

あとはホテルにもどって遅い夕食をとって寝るだけ。いつもマネージャー役の夫とふたりきりでしたから、私はすべて無言《むごん》のままに、あらかじめ決められたことを決められたようにこなすだけでした。東京や大阪に出てきたのだからといっておいしいものを食べに行くわけでもなく、お酒を飲むこともまれでした。飛行機のなかでも爆睡《ばくすい》するばかり。仕事が終われば、健太郎という現実といやおうなく向き合わなければなりません。

スタジオでの本番は、どんなに無茶な要求をふられても、共演者にきらわれても、私自身ががんばれば乗りきれます。ところがそこから一歩出て、ふたたび向き合わなければならない現実は、私がいくらがんばっても乗り越えられないもの、私の力ではどうしようもないものでした。

そのことがわかっているだけに、疲れる。しんどい。

もちろん今思えば、このとき私は誰かに健太郎のことを告白して、「疲れた、助けて」と正直に言えばよかったのかもしれません。夫や家族以外にも、私を救ってくれる人は少なからず周囲にいたはずでした。

ところが私は、そうすることは「負け」だと思っていました。勝負の世界において頼れるのは自分だけ。誰かに頼った瞬間に「負け」になる。勝負に負けてしまったら、松野明美は生きている価値がないとすら思っていたのです。

だから誰の力にもすがろうとしなかった。お守りひとつ持とうとはしなかった。ゲンも担《かつ》がなかった。あのころ私の周囲では、誰かが私に手を差し伸べてくれていたはずなのに、その手すら握ろうとはしなかった。その手を握る勇気がなかったのです。

思えば、むなしいひとり相撲のなかで、私は苦しくもがいていたのでした。

走ることだけが救い

そんななかで、やはりこのころも、私にとって唯一《ゆいいつ》救いだったのは「走ること」でした。

仕事で飛行機に乗るときも、私のカバンのなかには本番用の衣装だけでなく必ずトレーニング・ウエアとジョギング・シューズが入っていました。テレビ局のスタッフにも、周囲にジョギングができる環境があるホテルを取ってもらうように頼みました。

フジテレビでの仕事のときは、お台場《だいば》公園に近いホテルが定宿《じょうやど》でした。赤坂のTBSのときは、皇居に近いホテルを取ってもらい、早朝にその周囲を5周程度走ります。汐留《しおどめ》に移った日本テレビのときは、新橋駅を出て通勤するサラリーマンとかち合わないように、早朝5時半ごろに新橋の周辺を走るのが私の決まりでした。

スタッフが飛行機の都合《つごう》を気にして羽田空港内のホテルを取ろうものなら、すぐにキャンセルです。なぜなら飛行場の周辺は警備がきびしくて、早朝でも思うように走れないから。不審者と間違えられたことがあったのです。

走っていれば、心身ともに疲れ果ててはいても、現役時代のような闘争心がわいてきます。ひたすら地面を見つめながら走って汗を流すと、しだいに心が落ち着いてくるのを感じるのです。

走ると体は疲れますが、心は休まります。どんなに前夜遅くまで撮影があった場合でも、私は早朝起きだして走りました。

——ここで走らなかったら今日一日、元気が出ない。現役時代の自分に負けないように、今日一日がんばろう。

そんなふうに自分をふるい立たせることができたのです。

あのころの私は、いったい何に向かって走っていたのだろう。

今ふり返ると、不思議な気持ちです。

健太郎のことを思いながら、目の前の高い壁に絶望しながら、自分のことを守りながら、いくつもの矛盾《むじゅん》を抱えながら、私はひたすら何かに向かって走っていました。

バラエティの世界と病院とを行ったり来たりしながらも、目の前には視界のきかない深い霧が広がるばかり。行くあてもなく、進むべき道もわからずに、あのころの私はまさに徒労《とろう》と呼ぶにふさわしい「走り」を続けるだけでした。

ところがその霧が、ほんのわずかですが晴れるときがやってきました。

それは、健太郎の手術がきっかけでした。

10

次なる壁

7時間の大手術

4月4日午前8時、福岡市立こども病院心臓血管外科部長・角秀秋《すみひであき》先生により、健太郎の手術が始まりました。あとから角先生に聞いた手術のようすは、以下のとおりです。

まず、心臓の働きを肩がわりする人工心肺《しんぱい》装置に血管をつなぎます。

次に、卵の大きさくらいしかない健太郎の心臓に、2センチほどの切れ込みを入れます。

拡大鏡をのぞきながら、人工のパッチで心臓の内壁の穴をふさぎ、紙のように薄《うす》い弁をぬって整えます。1つになっている弁を半分に割って、それを1つずつ人の手で整形しながら2つの弁をつくる、というむずかしい作業です。

さらに、髪の毛ほどの太さしかなかった肺動脈の処理です。当初はパッチワークのように広げようかという方法も考えられたらしいのですが、無理とわかって、かわりに人工血管と人工弁をつなぎました。

ここまでで心臓を止めてから約2時間。手術は山場《やまば》をこえました。

この手術のむずかしいところは、これだけの作業がありながら、どれもこれもやり残しができないという点だと聞きました。

さらに心臓を元にもどして、周辺の血管などをぬい合わせます。

結局、心臓の活動を停止していた時間は2時間45分。心臓を停止していられる3時間ギリギリでした。手術全体では、7時間あまりもかかる大手術となりました。

午後3時過ぎ。健太郎が手術室に入ってから約7時間後、祈るような思いで待っていた私たちの前で、手術室の金属製のドアがゆっくりと開きました。

今までのどんなレースよりも緊張した7時間。

私の前に、健太郎が横になったベッドが押されてきます。

私たちはすがる思いで先生の言葉を待ちました。

先生はひとことそう言って、私の手を力強く握ってくださいました。

「――成功です」

私はそのひとことを聞いた瞬間、またしてもフラフラと腰くだけ状態。義母とふたりで抱き合って、ただ泣きじゃくるばかり。

でも泣きながらも、私は健太郎が目の前を通りすぎ治療室に行くまでの10秒程度のチャンスを逃《のが》しませんでした。

思わず健太郎を抱きしめたのです。

――健ちゃんが生きてもどってきてくれた。心臓はしっかりと脈打っている。健ちゃんよくがんばった。

そう思ったら、抱きしめずにはいられなかったのです。もちろん看護師さんには怒られました。「やめてください。今手術が終わったばかりなのですから」と。

でもその行動は、母親としての必死の気持ちがとらせたものでした。

のちに角先生は、手術をふり返ってこうおっしゃっていたそうです。「自分ではかなりパーフェクトな手術ができました」と。

日本でも心臓の手術では3本の指に入るといわれている角先生だからこそ、限られた時間のなかで鮮《あざ》やかに成功させることができたのだと思います。

先生の言葉どおり、手術以降の健太郎は、驚くべき変化を見せてくれました。

「唇がピンクになってるよ」

手術後、麻酔《ますい》がさめて病室にもどってきた健太郎を抱き上げたときのこと。

健太郎は目を見開いて驚いた表情をしながら、自分の胸を指さして何か言いたげでした（巻頭カラー写真7ページ目を参照）。

健太郎がそんな表情をするのはめずらしいことだったので、最初は何を言いたいの

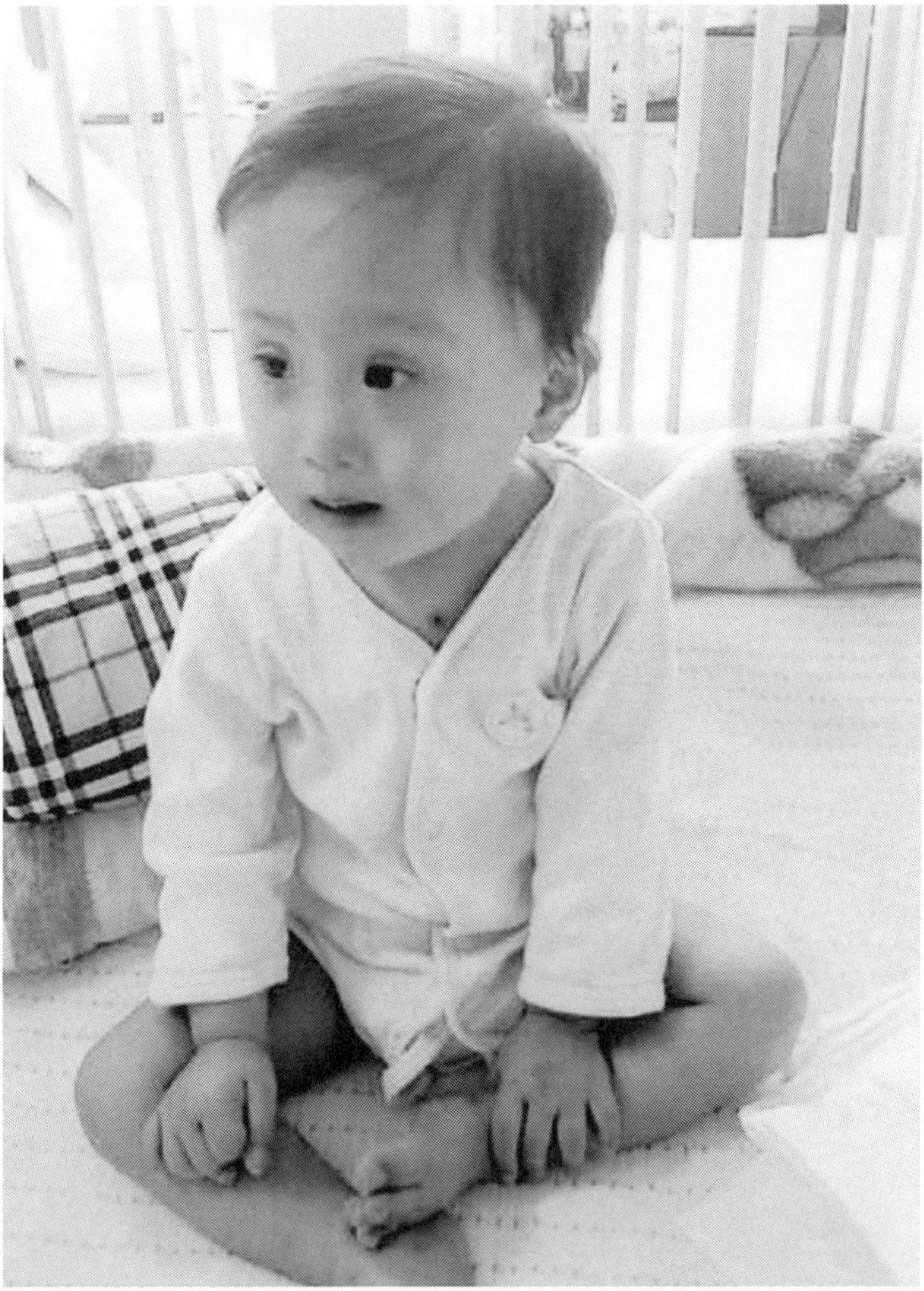

手術は大成功。心臓は力一杯動いて、体中に新鮮な血液が送られました。黒ずんでいた手足も肌も劇的に変化！　この子が色白だったなんて、初めて知りました。

だろうと不思議でした。しかし、すぐにその理由はわかりました。

自分の心臓がドクンドクンと力強く響いている。これまでに経験したことのない鼓《こ》動《どう》が聞こえることが、健太郎には驚きだったのです。あまりに驚いて、しまいには泣きだしてしまうありさまでした。

もちろん私たちにもそれは驚きでした。健太郎を抱き上げると、ドクンドクンと力強い鼓動が私の体にも響いてきます。それはまさに生命《いのち》の鼓動。生命の躍動感《やくどうかん》。それまで、6割か7割しか働いていなかった心臓が、初めて力一杯新鮮な血液を全身に送り始めた喜びのリズムだったのです。


その鼓動のおかげで、健太郎の体は劇的に変化しました。

まず、唇《くちびる》がみるみるピンク色になっていきました。顔色も、子どもらしいピンク色になりました。手足もツメの先までほんのりと肌色になり、かさかさで、しもやけになりやすかった肌にも潤《うるお》いが感じられるようになりました。

体中が、新鮮な血液を得られたことで喜びを表現していたのです。

手術から3週間後、予定どおりに退院することができました。おとなならに考えられないようなスピードですが、子どもはやはり回復が早いのです。

私たちは手術のあまりの成果にただただ驚くばかり。

ところがこの退院は、私たちにとっては新しい悩みの始まりでもあったのです。

手術が終わるまで、私たち夫婦の関心は、100パーセント心臓病に向けられていました。むずかしい手術であることはわかっていましたから、万が一にも手術に失敗したらどうしよう。健太郎を失うことになったらどうしようと、そのことだけを考えていたのです。

ところが手術が成功してみると、私たちには次なる壁が待ち受けていました。

言うまでもなく、ダウン症のことです。

それまで夫とは、「健太郎はせめて歩けるようになってくれたらいいね」とか、「少しでも長く生きてくれたらいいね」ということばかりを語ってきました。

ところが手術に成功してみると、実際に目の前で歩きだす健太郎がいたのです。

手術の2カ月後にはつかまり立ちが始まり、8カ月後には3歳の誕生日を前にして立ち上がることができました。やがて歩き始めたのは3歳半のとき。健常児よりはずいぶんゆっくりとした発達ですが、日々少しずつ成長していくことが私たちにも手にとるようにわかりました。

そうなると、家のなかばかりで遊ばせておくわけにもいきません。動くようになれば当然外に連れだすことも増えてきます。

それは手術以前の私たちにしてみれば、信じられないようなしあわせであったはずなのです。

ところがそうなると、私にはまた新たな悩みが生まれてきました。

――ダウン症。

その事実と、いやおうなく向き合わなければならなくなったのです。

今度の相手は病気ではありません。障がいです。病気なら手術や治療で治《なお》すことも可能な場合もありますが、障がいはそうはいきません。まして、私には世間の目という手ごわいプレッシャーもありました。

手術が成功に終わったからこそ、私には、また新しい壁が目の前にそびえ立ってきたのです。

障がいに向き合うのがこわかった

心臓の手術をする前も終えてからも、私は健太郎がダウン症であることを誰かに相談するという気持ちはまったくありませんでした。むしろ相談したら「負け」。人生は勝負なのだから、人に頼っては負けたことになる、と思っていたのです。

もちろん、街《まち》でときおり障がいをもったお子さんを見かけることもありました。でも、いっさい関心は示しませんでした。私には関係のない世界だと思い込んで、無関心を装《よそお》っていたのです。

ダウン症の子どもをもつ親の会があることも、なんとなく知ってはいました。健太郎を産《う》んでからその情報は手にしていましたが、そこに行ってみようとか、行って同じ境遇のお母さんの話を聞こうなんて少しも思わなかった。むしろそういう会に近づくことは避《さ》けていたというのが正しい言い方でしょう。

仕事で講演に呼ばれても、健太郎のことはひとこともしゃべりませんでした。現役時代の苦しかった練習のこと、それを乗り越えたときの喜び、人間はがんばれば必ずしあわせになれる、しあわせになるためには人よりよけいに努力をしなければならない――という持論《じろん》を、切々《せつせつ》と訴えているだけでした。

今ふり返れば、私はダウン症という事実と向き合うのがこわかったのだと思います。向き合って真剣にたたかうことを避けていたのかもしれません。

夫は健太郎が生後10日目にダウン症を宣告された夜、ひと晩泣いたことでその事実を引き受けられるようになったといいます。しかし私にはそれはできなかった。少なくとも「明るく元気な松野明美」にとって、ダウン症はあってはならない現実だと思い込んでいました。

うらやましいな、負けたな

そう思い込んだ生活は、矛盾《むじゅん》だらけでした。

退院以後、夫とおじいちゃんおばあちゃんたちは、健太郎を積極的に外に連れだすようになりました。

手術前にくらべると、健太郎は声もよく出すようになりましたし、表情も豊かになりました。私たちの働きかけに対して、喜びの表情を返してくれるようになったのです。

夫もおばあちゃんたちも大喜びで、前にもまして積極的に働きかけてくれるようになりました。そうすればするほど、健太郎も無邪気《むじゃき》でかわいい表情を見せてくれます。

「明美さんも健ちゃんば外に連れだしなっせよ」

義母《おかあ》さんにそう言われたこともありました。でも私にはそれができません。

むしろ、こう言い返している自分がいました。

「健太郎を、あんまり人目につくところには連れだださないでくださいね」

私も家のなかでは思いきり健太郎をかわいがっていました。でも仕事のことを考えたら、やはり人目についてはまずいと思っていました。誰かにこの障がいを知られると仕事に影響があると思っていたのです。

番組の企画でテレビカメラが家にやってくるときは、健太郎はおばあちゃんの家にあずけました。輝仁《きらと》だけは家にいることもありましたが、健太郎をカメラの前に出すことはありませんでした。

お客さんがやってくるときも同じです。あらかじめ訪問がわかっているときは、必ずあずけました。

「お子さんは？」

と聞かれたら、

「ちょっとおばあちゃんの家に遊びに行っています」

と言って、何気ないふうを装《よそお》ったのです。

パパの手をギュッと握り、つかまり立ちする健太郎。２歳６カ月。ゆっくりとした発達ですが、日々成長していくのがわかりました。

近所の公園で歩く練習。立って歩けたことはうれしかったのですが、健太郎の障がいを知られたくない私は、公園でも帽子を目深にかぶっていました。

すでに書きましたが、健太郎が立ち上がったのは3歳の誕生日のころ。やっと1歩歩けたのは3歳半のとき。筋力が弱いので遅々《ちち》とした発達ですが、立って歩けたのは私にとってても大きな喜びでした。

それでも私は健太郎を、スーパーにすら連れていかない。こわくて連れていけなかったのです。

なぜならこのころから、健太郎の顔は明らかにダウン症児特有の表情になってきたからです。誰かにその顔を見られたら、明らかにダウン症だとわかってしまうと思ったのです。

やむをえずいっしょに外出しているとき、誰かから声をかけられたりもしました。

「あら、お子さんはいくつですか?」

するととっさに「1歳です」と答えている私がいました。体つきが小さく、発達も遅い健太郎の障がいのことを、「うそ」で隠そうとしたのです。人から「小さなお子さんですね」と言われるのもたまらなく嫌《いや》でした。

街《まち》で健太郎と同じくらいの3歳児や4歳児を見かけたときは、うらやましいという思いがぬぐえませんでした。彼らは走ることができる。しゃべることができる。表情も豊かで、親ともじょうずにコミュニケーションが取れる。

――うらやましいな。私は、負けたな。

そう思い込んでいたのです。

なぜ、この子は努力しないの？

「お兄ちゃんは3歳のときにはこんなこともできたのに、なぜ健ちゃんはそれができないの！」

このころ私は、言葉もしゃべれない健太郎に向かって、そうしかりつけることがたびたびありました。

輝《きら》仁《と》とは1歳半しか違いませんが、発達の違いは明らかです。

お兄ちゃんはこの年にはおむつが取れた。おしっこもできるようになった。自分で靴が履《は》けた。服も着られるようになった。

そんな記憶が次々とよみがえります。

目の前の健太郎は、何回教えてもトイレでおしっこすることすらできません。

「なんで教えたことができないの！」

ときおり私はキレてしまいます。

テレビを見るときも、ブラウン管に額を近づけるようにして見ています。

「目が悪くなるからうしろに下がって見なさい！」

そのたびに私は注意するのですが、健太郎はどうしてもそれが守れません。何十回言ってもわからないとき、私は思わずお尻をバーンとたたいてしまうこともありました。

言ってもできないから腹が立つ。言ってもやろうとしないから、がまんできない。少しも努力のあとが見えないのが無性《むしょう》にしゃくにさわる――。

私が怒ると、健太郎はクスンと涙をこぼします。その瞬間はかわいくて抱きしめたくもなるのですが、それでも言ったことが直らない。またまた同じことを繰り返してしまう。

私は「過剰な」性格ですから、それが許せませんでした。健太郎に対してずいぶんきびしく当たりました。同じ年齢の子がかるがるとやっていることが、なぜ、あなたにはできないのか。なぜ、やろうと努力しないのか。少しはがんばって、やってみせてよ――。


今ふり返ればその怒りは、わが子の成長の遅さを受けとめられない私の至らなさだったと思います。皆と健太郎は違うんだということがわからない。できないことを健太郎に八《や》つ当たりしてしまう。イライラする自分自身にイライラする。

その結果、またまた「なんでこの子を産《う》んだのか」という思いにとらわれて、もんもんとしてしまう日々。

手術に成功して、たくましい心臓が健太郎の体に宿《やど》ったことはまさに「希望」でした。健太郎はすくすくと成長している。表情も豊かになる。立つことも歩くこともできるようになる。日々変わりゆくことが手にとるようにわかるのです。

でも、ダウン症であることに変わりありません。ほかの子どもよりも発達が遅い。言葉が出てこない。このまま知能も機能も遅れたままなのか。

隠さなければ。この子のことは隠さなければ私自身が「負け」を認めることになってしまう――。

私のなかで希望と憂うつとが激しくせめぎ合い、この大いなる矛盾《むじゅん》の渦《うず》から抜け出せないでいたのです。

4章

人生は勝ち負けじゃない

ハプニング

ヒッチハイクで追いかけてきた人

「まつのせんぱ～い、まってくださ～い、まつのせんぱ～い」

ある日のこと。

私がいつものようにジョギングをしていると、うしろから女性の声が聞こえてきました。

このころ私たちは、熊本市内のマンションから故郷・植木町の住宅地の一戸建てに引っ越していました。毎日のジョギングコースも熊本城二の丸公園から、自宅の前を流れる合志川《ごうし》の河川敷《かせんじき》に変わっていました。天気のいい日には北の方角に九重連峰《くじゅうれんぽう》も望むことができる、気持ちのいいコースです。

3歳になって日々元気になっていく健太郎のようすを喜びつつも、世間の目という大きなプレッシャーを抱えていました。そのなかにあって、毎日1時間、ジョギングの時間だけは無心になれる至福のときだったのです。

私はこの時間を人に邪魔《じゃま》されるのが嫌《いや》だったので、ジョギング中に誰かに声をかけられてもけっして立ち止まりませんでした。走っている間だけは、自分と向き合える大切な時間です。

まして健太郎のことを言われたりしたら嫌なので、知り合いとすれ違っても黙礼をする程度のものでした。

ところがこのとき、その声はだんだんと私に近づいてくるではありませんか。

私よりも速く走る人がいるのかしら。ふり返ってみると、なんとその声は走る車のなかから聞こえていたのです。

その車は私を追い抜くと、助手席からひとりの女性をおろして、また走り去っていきました。運転席に向かってペコリとおじぎしたところをみると、どうやらこの女性は私に追いつくために、なんとヒッチハイクをしてきたようです。

それは高校時代の陸上部の後輩《こうはい》で、以前は小学校の先生をしていた山崎さんでした。

山崎さんは走るのをやめない私と並走《へいそう》しながら、こう切りだしました。

「先輩、今気になっているのは健太郎君のことでしょう。今は先輩の気持ちが一番敏感なときぼってん、健太郎君は早く専門家にみてもらったほうがよかよ。山鹿《やまが》にある『こじか園』に連れていったほうがよかと思うよ」

山崎さんは、息をきらしながらズバリとそう言ってくれたのです。

気さくな人柄の山崎さんは、それまでに何回かわが家に遊びにやってきていました。前ぶれもなく突然に、です。

来ることがあらかじめわかっていれば、健太郎は見られたくないのでおばあちゃんの家にあずけるのですが、突然の訪問だし高校の後輩でもあったので、私は気を許していたのです。

健太郎を見た山崎さんは、仕事がら顔つきや動き方からダウン症だとわかったようです。

山崎さんが気づいたことを察した私は、何か聞かれる前にこう言いました。

「この子はちょっと障がいをもっているのよ」

このときは、それ以上の会話はしませんでしたが、山崎さんは健太郎のことが忘れられなかったのでしょう。近くの山鹿市にある障がいをもった子のための療育機関を教えるために、わざわざ私に会いにやってきてくれたのです。

「先輩。ダウン症の子でも、保育園に行く前に療育を受けたほうがあとで成長も早かよ。連れていくなら少しでも早いほうがよかよ、先輩」

走りながらの山崎さんの真剣な表情に押されて、私はこう答えていました。

「わかったわ。ありがとう。考えてみるね」

そのひとことがのちに、私の目の前を覆《おお》っていた深い霧を晴らすことになろうとは——。

このときから、私たちと健太郎の生活は、ガラリと大きく変化していくことになったのです。

次に何を――

このころ、健太郎は手術から1年半が過ぎ、体力もだいぶついてきていました。よちよち歩きながら、部屋のなかを動き回るようになっていたのです。

――課題だった心臓の手術は成功した。術後の経過もいい。歩くこともできるようになった。さて、次は何をしてあげたらいいだろう。

私には、次の目標が必要なときでもありました。

とはいえ、健太郎を人前に出そうと思っていたわけではありませんでした。

相変わらず私は、スーパーや公園に健太郎を連れだすことはしていませんでした。

誰にも障がいのことは相談していません。

それでも、4歳の誕生日が近づくにつれ、「いつかは保育園や学校にも入れることになるな」という、漠然《ばくぜん》とした不安を感じるようになっていたのは確かです。手術前は、それまで生きているかどうか半信半疑でしたから、保育園のことなど考えもしませんでした。

ところが目の前で日々体力をつけ、たくましくなっていく健太郎の存在が、私の気持ちを変化させたのです。

保育園に入れるなら、その準備が必要です。自分である程度身の回りのことができなかったら、集団生活に入ることができません。集団生活ができなければ、友達もできません。それでは健太郎がかわいそうです。

保育園に入れるためにはどうすればいいのか。そう考え始めていた私の胸に、山崎さんの言葉がグサリと刺《さ》さりました。

それは、私のなかに小さな変化の芽が生まれるきっかけでもありました。

12

健太郎の変化

初めての「こじか園」

2007年11月。健太郎は夫に連れられて、初めて児童デイサービス事業所「こじか園」を訪ねることになりました。それは健太郎にとって、初めて家族以外の人と本格的に触れ合う機会でした。私にしてみても、決断が必要でした。健太郎を初めて人前に出すことになるのですから。でも相手をしてくれるのは専門家です。マスコミや一般の人ではないのですから安心でした。

この日から週に5日、毎日約2時間、障がい児の専門家である先生たちと健太郎のマンツーマンの触れ合いが始まったのです。

そこから健太郎には、驚くような変化がありました。

「親が変わらないと、お子さんも変わりませんよ」

健太郎が「こじか園」に通い始めて1～2カ月目のこと。

健太郎に目に見えて変化がありました。それまで家の和室で遊んでいても、畳《たたみ》の敷《しき》居《い》のところに来ると、わずかな高低差がこわくて四つんばいになって越えていたのです。ところがあるときから、そこを歩いて、ひょい、と越えられるようになりました。

それに気づいた私は、思わず声を出していました。

「あら、健ちゃん、歩いて越えられるようになったね」

健太郎もほめられて、得意気な笑顔をふりまいています。

それは私には、神々《こうごう》しいほどの感動的な姿でした。

――健太郎でも練習すればできるようになるんだ！

それは私には、信じられない変化でした。

「健太郎君に何ができるか、どうしたらできるようになるか。いっしょに考えていきましょう」

こじか園に通い始めた当初、主任保育士の東好美《ひがしよしみ》先生は、私たち夫婦にそう声をかけてくれました。

筋力が弱く、椅子《いす》に座れない健太郎のために、東先生はまず段ボールやスポンジを使って体がすっぽりと納《おさ》まる専用の椅子をつくってくれました。

家族では思いもつかない働きかけです。

お尻を支えて、入り口の小さな段差を乗り越える練習も手伝ってくれました。それが功を奏したのでしょう。健太郎はわずかな時間で、畳の敷居を越えることを身につけたのです。

それだけではありません。東先生は、健太郎の興味がある遊びのなかに少しずつ達成可能な目標を入れて、根気よく働きかけてくれました。丸、三角、四角、赤、青、黄色などなど。パズルや積み木を使って、遊びのなかで色や形、数字を教えていきます。

「あかい・にんじん」「あおい・くるま」

先生の言葉を聞くと、いつの間にか健太郎は、２枚の札を組み合わせて木枠《きわく》にはめ込むこともできるようになりました。正しい組み合わせができるとほめてもらえますから、健太郎は瞳をきらきら輝かせてうれしそうです。

何カ月か通ううちに、健太郎は段ボールやスポンジがなくても椅子に座れるようになりました。入り口の段差は軽々と越え、階段ののぼりおりにも挑戦するほどになったのです。

「『どうせできない』とあきらめてはダメですよ。親が変わらないとお子さんも変わりませんよ」

東先生は私たちに繰り返し繰り返し、そう語りかけてくれます。

――そうなのか。健太郎がダメなんじゃないんだ。まず私たちが変わらないとダメなんだ。

あのころの私にとって、それはまったく思いもよらない言葉だったのです。

希望をもって、あきらめない

こじか園では、月に1回やってこられる安永《やすなが》アイ子先生というベテランの先生とも出会いました。

当初、こじか園には夫が連れていくことが多かったのですが、この先生の言葉に感動した夫は、私も会ったほうがいいからと、先生がいらっしゃる日には私が健太郎を連れていくことになりました。

すると先生は、こうおっしゃったのです。

「健太郎君のために言いますよ。どうせ教えてもしょうがない。教えてもしかたがないとは絶対に思わないでくださいね。親自身が、この子は絶対にできるようになるという希望をもって、あきらめずに教えていれば、絶対にできるようになりますよ」

また、私の健太郎に対する言動を見て、ズバリとこうも言われました。

「お母さん、その赤ちゃんに対するような言葉がけはなんですか。健太郎君は4歳ですよ。4歳には4歳の言い方があるでしょう。これからは、赤ちゃん言葉はけっして使わないでくださいね」

これも私には、冷水を浴びせられたような言葉でした。

先生の言葉を聞いて、私はあらためて、これまで健太郎のことをひとつも信じていなかったことに気づきました。身の回りのことができないからと、しかることはあっても、できるまで根気強く教えることはしなかった。どこかで、どうせできないだろうとあきらめていたのです。4歳児としても扱ってきませんでした。年齢は4歳でも、健太郎は言葉はしゃべれないし走り回ることもできない。身の回りのことは何ひとつ自分ではできないので、生まれたての赤ちゃんに対するような接し方だったのです。

安永先生は、その点に関してもはっきりとこう指摘してくださいました。

「ダウン症の子は、教えなければ何もできませんよ。健常児のように、ある程度年齢がいけば見よう見まねでできるようになる、なんて思わないでください。ひとつひとつ親が教えなければ、この子は一生このままですよ」

これも私にはショックでした。お兄ちゃんの輝仁《きらと》がそうだったように、発達が遅いとはいえ健太郎もある程度の年齢になればオムツも自然に取れるものと思っていました。そうに違いないと思い込もうとしていたのです。自分からは何ひとつ働きかけずに、根拠のない希望を信じようとしていた。つまり、ダウン症を正面から見ていなかったことになります。

でもそれはありえないことを、安永先生は明確に指摘してくれました。私はダウン症に対して、考えが甘かったのです。

先生の言葉で、私はすべてを受けとめなければいけないと気づきました。

この子の力を引きだせばいいんだ

私は思いきって先生にたずねました。

「先生、健太郎のオムツを取りたいんですけど、そのためのトレーニングは、一番長いお子さんでどれくらいかかったんですか」

それは私にとっては、それまであいまいにしていた疑問を初めて口に出した瞬間でした。オムツが取れるのは数カ月後なのか1年後なのか2年後なのか。あるいは「一生取れません」と言われたらどうしよう——。それがこわくて、私はこれまで誰にもそれを聞かないできたのです。私は勇気をふりしぼり、震《ふる》える思いでたずねました。

そのときの先生の答えが忘れられません。

「一番長い子は10年かかりました。7歳でオムツを取る練習を始めて、17歳でやっと取れました」

私はかさねてたずねました。

「その子のお母さんは、7歳まではどうしていたんですか」

その子のお母さんの姿勢が、私と似ているように感じたからです。先生は言いました。

「当初その子のお母さんは、一生私がこの子のオムツを持ってついて歩きますと言っていました。だから7歳までオムツを取る努力をしていなかったのです。でもそれを聞いて私は言いました。『親のほうが先に死ぬんですよ。あなたが死んだあと、この子のオムツは誰が持ってくれるのですか？』と。その言葉でお母さんは改心してくれました」

――10年かかったのか。

私は先生の言葉に一瞬気が遠くなる思いでした。でもこのとき気づきました。私もこのお母さんと同様、自分がどこまでも健太郎を守っていくんだと必要以上に力《りき》んでいたことに。

私もこのお母さんと同じ考えでした。健太郎には何を教えてもムダなんだから、自分がすべてをカバーしなければならない。そう思い込んでいたのです。健太郎自身の力をまったく信じないで、私が努力しなければならないと思っていました。でもその一方で、努力しても報《むく》われないとあきらめてもいました。自分で自分を悲劇のヒロインにしていたのです。

でも先生の言葉は、そうではないと言っています。時間は長くかかっても、ダウン症の子ども自身のがんばりで、オムツも必ず取れるようになると言うのです。

次の瞬間、私はこう思い直しました。

——健太郎は教えなかったら一生オムツが必要だけれど、10年がんばればオムツが取れるようになる。教えればいつかは必ずできるようになる。そう先生はおっしゃった。私ががんばるんじゃない。健太郎のがんばりを引きだせばいい。たとえ10年かかろうとも、健太郎を信じて、その力を引きだすように、がんばればいいだけじゃないか、と。

このとき、私は肩からスーッと力が抜けるのを感じました。

——そうか、私ががんばるんじゃないんだ。10年かけて、健太郎の力を引きだせばいいだけだ。私ががんばりすぎる必要はないんだ。

私は先生の言葉を心のなかで繰り返していました。

「まず親が、ダウン症であることをまっすぐに受けとめて、ひとつひとつ教えなければ健太郎君は一生何もできないままです。でも親が希望をもって教えれば、絶対にできるようになる。ときには10年かかることもあります。でも健太郎君の力を信じて努力を続けていけば、絶対にできるようになる。親が変われば、健太郎君の人生は変わっていきます」

先生の言葉が、私の胸に染《し》み込んできました。

健太郎の力を信じればいいということに、このとき私は、やっと気づいたのです。

わが子の成長がいとおしい

こうして、こじか園に通うようになってから、健太郎には次々と変化がありました。

まず、靴下を自分で脱げるようになりました。これは大きな感動でした。

健太郎のおばあちゃんがつけてくれている柱のキズで見ると、一年で5センチも身長が伸びました。これも手術前からは信じられないような大きな成長です。

朝、夫とおふろでシャワーを浴びて、おまるにおしっこをする練習も始まりました。腰のあたりをあたためると、おしっこが出やすくなります。出そうになったらおまるに座らせて、そこでする練習です。毎日がんばって、なんとか覚えようとしています。

柱のキズは成長の証。健太郎が初めて立って歩いたのは3歳半でしたから、それまでは身長を測れませんでした。この子の日々の変化がとてもいとおしい。夫の子どものころの記録も、この柱に残っています。

そしてついに、その練習が実り、つい最近、おむつが取れ、なんと自分でおしっこができるようになったのです。初めてできたとき、うれしさのあまり私は頭の上でマルをつくり、「やったね！　健ちゃん、マル！　すごいね!!」と思わず言っていました。

食事も、噛《か》む力が弱いのでミキサーで野菜スープをつくって与えていましたが、自分でスプーンを扱おうとするようになりました。

「こじか園」では、ボタンをとめる練習も始まりました。最初はうまくいきませんでしたが、飽きずにトライしています。歯みがきも苦手でしたが、これもある日、自分から歯ブラシを持つようになりました。病院の先生からは虫歯からウイルスが入ることもありますと注意を受けていたので、うれしい変化でした。自立という目標に向かって、さまざまなチャレンジが始まったのです。

私が仕事からもどってくると、健太郎は全身を使って喜びを表現してくれるようにもなりました。玄関で踊ってキャアキャアと声を出し、満面の笑《え》みで迎えてくれるのです。

その姿を見ていると、私はどんなに疲れていても癒《いや》されます。

健太郎の存在が、私の生きがいだと素直に実感できるのです。

今度はどんな変化を見せてくれるのだろう。

今度はどんなことで私たちを驚かせてくれるんだろう。

小さな変化が、私にはとても貴重に思えるようになりました。すこーしずつ、ゆっくりとした健太郎の変化が、いとおしくてたまらなくなったのです。


そんな日々のなかで、じつはもうひとつ大きな変化がありました。

それはほかでもない、私自身の変化でした。

13

私の変化

この瞳にもっと多くのものを

健太郎がこじか園に通うようになって1年が過ぎたころのこと。

ある日、私は健太郎の手を引いて、思いきって街《まち》に出かけてみることにしました。

まずは駅に行って、健太郎の大好きな電車やバスの本物を見せたいと思ったのです。

「健ちゃん、バスが来るよ。向こうからは大好きな電車も来たねぇ。動いてるね。見える？」

私の声に、健太郎も小躍《こおど》りしながら反応しています。

健太郎の成長する姿を見ながら、私はいつのまにかこう思うようになっていたのです。

「この好奇心いっぱいの瞳《ひとみ》に、もっともっとたくさんのものを見せてあげたい。世の中のいろいろな刺激を与えてあげたい。そうしたら、健太郎はもっともっと変わっていくはずだ」

それまで健太郎は、家のなかで本、写真、テレビ、ビデオなどをとおして、いろいろなものを見てきました。そのなかでも、電車やバスには強い興味を示していたのです。

そうだ、本物を見せてあげよう。そのほうがいいに決まってる――そう思った瞬間、私はいてもたってもいられませんでした。緑のシャツに半ズボンをはかせて、私は健太郎と手をつないで初めて街に出たのです。

駅の次には、百貨店のおもちゃ売り場にも行きました。健太郎には初めて見る夢の世界です。いったいどんなおもちゃに興味があるのか。健太郎は家にいるとアンパンマンが好きなのですが、ここにはもっともっと、いろいろなおもちゃやキャラクター人形があります。

よちよち歩きで次々と興味のあるものを見つけていく健太郎を追いかけながら、私はその好奇心の旺盛《おうせい》さに驚いていました。

健太郎が越えさせてくれた壁

街を歩きながら、私はあらためて健太郎の手をしっかりと握《にぎ》っていることを実感していました。これまでは、家のなかにばかりいたから、健太郎の手を意識して握ることはありませんでした。

でも、こうして手をつないでみると、とてもあたたかくて、思ったよりも力強いのです。

健太郎は私の手を引っ張って、どんどん新しい世界に連れていこうとします。私のほうが健太郎の好奇心に引っ張られ、あとをついていくような状態です。

そうやって2人で歩きながら、私はあらためて気づいたのです。

これまで私は誰の手も握ってこなかった、ということに――。

それまで勝負の世界で生きてきた私は、人の手を握ったら「負け」だと思ってきました。

人の手を握ることは人の力を借りること。誰かに引っ張ってもらうこと。

それは、「負け」を意味していると思い込んでいたのです。

だから健太郎のダウン症についても、誰の力も借りなかった。借りようとしなかった。

そして自分ひとりで、私ががんばらなければ、がんばらなければと力《りき》んでいたのです。力めば力むほど、私は誰の手も握ることはできませんでした。

ところが健太郎の手を握ってみたら、そんな気持ちはどこかに消えていきました。

健太郎と手をつないでいると、おのずと歩くペースもゆっくりになります。横断歩道でも早足で渡ることはできませんし、点滅する青信号で渡ることもできません。それでも、「ま、いいか。健太郎と2人のマイペースでもいいじゃないか」と力まずに思えるようになったのです。

気づいてみたら、私は健太郎を人前に連れだしていました。健太郎と手を握ってみたら、障がいのことを隠さなければいけないという思いなど、どこかに消えてしまったのです。あれほどこわかった世間の目が、気にならなくなっていました。

ふと目の前を見上げると、いつもそこにあると感じていた、高くて厚い壁がなくなっています。いつもはその壁の存在が重くのしかかっていて、息苦しかったのです。ところが健太郎の手を握ってみたら、その壁はきれいに消えて、上空には今まで見たこともないほど真っ青《まさお》な空が広がっていました。

——私はあの壁を乗り越えられたのだろうか。

一瞬そう思いました。

でも実際には、がんばって乗り越えた実感はありません。もっと気楽に、気がつくとその壁が消えていたという感覚です。

——健太郎が手を引いて、スッと壁をすり抜けさせてくれたんだ!

絶対に乗り越えられないと思った壁の存在から救ってくれたのは、誰でもない、まだ言葉も話せない健太郎だったのです。ダウン症児で日常生活もままならない健太郎が、私を救ってくれたのです。

——そうか、私を救ってくれる存在は、こんなに身近にいたんだ。なぜこのことにもっと早く気づかなかったんだろう。

私はあらためて、無邪気《むじゃき》に私の手を引いてくれる健太郎をじっと見つめていました。

勝ち負けなんて、どうでもいい

ふり返れば私は、小学校5年のときに出会った勝負の世界で、自分ひとりでがんばってきました。次々と現れる高いハードルをクリアするために、人よりも2倍3倍4倍の努力を続けてきました。そして勝ち続けることにこそ、私自身の価値があると思い込んでいたのです。

ところが、健太郎の誕生とともに目の前に現れたダウン症という壁は、それまでにないやっかいなものでした。自分でがんばっても乗り越えることはできない。努力を続けても越えられない。一生そこにある。

私はこのレースでは、敗者でしかないと思い込んでいました。

ところが悲嘆《ひたん》にくれる私の隣で、健太郎はいつもニコニコしています。壁を乗り越えるとか勝負に勝つとか負けるとかはいっさい考えずに、好奇心旺盛《おうせい》な瞳をクリクリさせながら、いつも楽しそうです。

健太郎はまだしゃべれません。意志の疎通《そつう》もうまくいきません。

私がイライラして健太郎に八《や》つ当たりすると、一瞬しょぼんとします。でも、すぐにニコニコ顔にもどって、逆に私を励ますように寄り添ってきてくれます。私が悲しそうな表情をしているときは、おいでおいでと手招きして、私の頭をなでなでしながら慰《なぐさ》めてくれようともします。

——健太郎には「勝つ」も「負ける」もない。そんなものを超越《ちょうえつ》した力をもっている。

そう思わずにいられません。

不幸って何？

そんな健太郎を見ながら、こうも思いました。

人間にとって不幸ってなんだろう、それは誰が決めるものなのだろう、と。

健太郎は確かにダウン症という障がいをもっています。健常児から見れば発達は遅いし、言葉はまだしゃべれないし心臓にも欠陥《けっかん》がありました。

でも、ゆっくりと日々成長している。私たちの働きかけに対して変化している。そのスピードが人より遅いだけ。本人はまったくそのことは気にしていないのです。

これって不幸というのだろうか？　誰が健太郎のことを不幸と決めることができるのだろう？　本人が気にしていないのに、不幸なのだろうか？　そう思えてきたのです。

一方で、恵まれた状況にある子もいます。障がいはなく、両親もいて、外見的には何不自由なく生きている子どもたち。でもそういう子のなかにも、親を殺してしまうような子もいるし、犯罪をおかしてしまう子もいます。

そんな暗いニュースを目にするたびに、私は、いったい世の中の幸不幸は誰が決めているのだろうと思うようになりました。

要は、しあわせであるかどうかは、自分で決めればいいのです。どんな障がいをもっていても、自分でしあわせと思ったらその人はしあわせです。どんなに恵まれた環境にあっても、自分の心が満ち足りなければ、その人は不幸です。

さいわいにして健太郎は、毎日ニコニコしながら新しい挑戦をしています。発達のスピードが人より遅くても、これが健太郎のペースなのです。マイペースです。

そう思えば、健太郎はしあわせです。

そして、そう思える私自身も十分にしあわせではないか、と思えるようになったのです。

5章

いちばんじゃなくて、いいんだね

14

確信

この子が教えてくれたこと

――この世界には、こんなに気持ちのいい青空があったんだなぁ。

ある日のこと、私は健太郎と手をつないで外の空気を胸いっぱいに吸い込みながら、大きくノビをして空を見上げていました。それは、目の前に常に高く厚い壁の存在を感じていたころには、想像もできなかった美しい青空でした。

少し前まで、私の心のなかは常に曇《くも》り空でした。シトシトシトシト雨が降り続いていた。それがいつのまにか、時間をかけて、西のほうから青空が広がってきた。健太郎と暮らすゆっくりとした時間のなかで、私の心には、真《ま》っ青《さお》な青空が広がってきたのです。

その変化のひとつには、「こじか園」との出会いがありました。東《ひがし》先生や安永《やすなが》先生との出会いもありました。何よりも、健太郎自身が少しずつすこしずつ変化してくれて、私たちに感動を与えてくれました。

その結果、私自身が大きく変わることができたのです。

自分で自分の変化にびっくりしています。

あれほど勝負にこだわって、絶対に競争のなかで1番でなければいけないと思い込んでいた私が、健太郎といるときは闘争心を忘れているのです。

「1番でなくてもいいよね」って。

「そんなにがんばらなくてもいいよね」って。

手をつないで健太郎といっしょに歩いていると、自然とそう思えてきます。

私、松野明美がこんな気持ちになれるとは思わなかった。自分でがんばるだけの人生だったら、絶対にこんな気持ちにはならなかった。レースでも人に勝たなければ意味がない。現役を引退してからも、常にがんばっていないと松野明美ではなくなる。テレビ番組のなかでも、芸人さんたちに負けてはいけない。常に全力で走ってきたのが松野明美でした。それが私の生き方だと信じていたのです。

でも、健太郎の姿を見て、それが変わりました。1番でなくてもいいじゃないか。最後でもいいじゃないか。人より遅くてもいいじゃないか。ちょっとずつ成長していくことが何より大切じゃないか、と。

すべては健太郎が導いてくれた心境なのです。


そしてそのことを、ひとりでも多くの人に知ってほしい。健太郎が教えてくれたしあわせを、ひとりでも多くの人に知ってほしい。いつからかそう思うようになっていた私に、1本の電話がかかってきました。

カミングアウト

「松野さん、次男のお子さんの障がいのことをテレビで語っていただけませんか」

その電話がかかってきたのは、ちょうど私の心境に大きな変化があったころのことでした。どこかで健太郎のダウン症のことを聞きつけたテレビ番組制作会社のスタッフから、出演交渉を受けたのです。

そろそろ健太郎のことを人様に知ってもらいたいと思うようになっていた私でしたが、これには正直戸《と》惑《まど》いました。

何もテレビ番組のなかで公表しなくてもいいだろう、という気持ちもあったのです。

「あなた、どうしよう」

このとき私はめずらしく、夫に相談しています。たいていの仕事のことは自分で決めて、夫には事後報告のことが多かったのに。

「あなたが決めて」

私はそうも言いました。今までになかったことです。私のなかには、まだ健太郎の存在をカミングアウトするには、不安な要素も多かったのです。

「いいんじゃないかな。やろうよ」

夫はそう言ってくれました。夫のなかでは早くから、私の気持ちにふんぎりをつけさせたいという思いがあったようです。いいチャンスだと思ったのでしょう。

私は100パーセント割り切ったわけではありませんでした。それでも、ひとたびOKと言ってしまえば、事態はどんどん進んでいきます。いよいよ東京から取材チームがやってきて、わが家で撮影ということになりました。

ところがカメラが回り始めてから、私の心境には変化がありました。「健太郎をテレビに出してよかったんだ」と心から思える瞬間があったのです。


それは、モニターのなかの健太郎を見た瞬間のことでした。

「健ちゃん、かわいい！」

カメラが回り始めたとき、私は心のなかでそう叫んでいました。

——撮影スタッフがやってきても、健太郎の機嫌《きげん》が悪かったらどうしよう。カメラに対して拒否反応を示したらどうしよう。

撮影に対する、それが私の最後の不安でした。私たちは承諾《しょうだく》しても、健太郎には意思表示ができないのですから。

ところがカメラが回り始めて、モニターに映《うつ》ったわが子の姿を見ると、今まで見たこともないほどかわいいのです。カメラに対しても、ニコニコしながら向かっていきます。撮影スタッフに対しても、満面の笑《え》みを向けています。

「ちょっとちょっと、モニターをもっと見せてください」

またまた「過剰に」なった私は、撮影中もモニターの前から離れませんでした。ふだんも十分にかわいいのですが、モニターのなかの健太郎は、いつにも増してかわいいのです。親バカなのは自分でもわかっています。でも、本当に心からそう思えたのです。こんなにかわいい表情をしているのだから、健太郎もテレビに出演することを喜んでいるんだと確信がもてました。

小鳩《こばと》会《かい》との出合い

撮影中には、もうひとつ忘れられない出合いがありました。

テレビスタッフがセッティングしてくれて、ダウン症協会熊本支部の皆さんがつくる「小鳩会」の集まりに参加させていただいたのです。

かつてはあれほど拒否していた、ダウン症のお子さんをもつ親ごさんの集まり。その存在は知っていたけれど、けっして近づこうとしなかったサークル。

でも健太郎によって生まれ変わることができた私は、抵抗なくこれに参加させていただくことができました。

大勢のダウン症のお子さんとその親ごさんたちが集まったその席で、私はダウン症の中学生の女の子にたずねました。

「お友達はいますか」

するとその返事は、「イエース」。

英語で返ってくるではありませんか。続いてたずねます。

「恋人はいますか？」

「え〜」

今度は体をくねらせて、はにかんだ表情を見せます。

その姿を見ながら、私は胸に込み上げるものがありました。

なんて年ごろの少女らしい愛くるしい表情なのだろう——。

喜怒哀楽《きどあいらく》の豊かな表情は、私自身の少女時代を思い出させてくれます。彼女は英語がしゃべれる。そのうえ、はにかんだり照れたりする気持ちもある。そのことが私にはたまらずに、いとおしかったのです。ダウン症でも健常児と同じ知能と心の成長があることを、彼女は示しています。14歳の少女のいきいきとした表情に、私は救われる思いでした。

「将来は何になりたいですか?」

私は続けてたずねました。

「ダンスを教えたいでーす」

そんな答えが返ってきます。

そこには、健常児とまったく変わらない青春の香《かお》りが漂《ただよ》っています。いつか健太郎にもこんな青春がやってくるんだ。私はそう確信することができました。それは大きな希望です。彼女たちとの出会いは、私には、目からウロコが落ちるような新鮮な驚きだったのです。

本当に大切なこと……

続いて私は、親ごさんたちと面談させていただきました。新参《しんざん》の私は、皆さんの前でそれまでの心境を告白しました。

――どうしても健太郎のことを人前に出せなかった。自分のイメージが壊《こわ》れてしまうのがこわかった。この壁は乗り越えられないと絶望していた、などなど。

するとメンバーからは、きびしくもあたたかい言葉が返ってきました。

「健太郎君のことを周囲に知らさないことは、健太郎君本人に対して失礼なことではないですか。同じ人間として、堂々とふる舞うべきですよ」

「ダウン症の子どもたちと触れ合っていると、私たちに安らぎを与えてくれます。点数を取るのが大切なのか、人のことをどれだけ愛せるかが大切なのか、すべてこの子たちが教えてくれます。いつかわかるようになりますよ」

いずれも苦しい日々を乗り越えた、先輩たちならではのあたたかい言葉です。皆さん、最初のころは目の前に高く厚い壁をもっていたのです。それを乗り越えたい、でも乗り越えられない。忘れたい、でも忘れられない。そんな自問自答の苦しい日々を送ってきたと言います。

そしてある日、皆さんも気づいたそうなのです。

この壁を乗り越えさせてくれるのは、ダウン症の子どもたち自身の力だということに。

ひとりで力《りき》まずに、周囲の人と手を取り合っていけば、自然に壁は消えていくということに。

私はこの日以降、月に1～2回はこの会に参加させていただくようになりました。

15

自分との訣別《けつべつ》

お兄ちゃんにも変化が

テレビへの出演は、わが家にもうひとつ大きな変化をもたらしました。

それは、お兄ちゃんの輝仁《きらと》の変化でした。このころ6歳を迎えていた輝仁《きらと》にも、テレビ体験は大きな刺激になったようです。180度といっていい変化でした。

それまで輝仁《きらと》と健太郎は、1歳違いとはいえ、いっしょに遊ぶことはまれでした。体力や体格、運動能力が違いすぎるのです。

私たちが留守のとき、おじいちゃんおばあちゃんの家に2人でいるときは、輝仁《きらと》は健太郎にボールをもってきてあげることくらいはあったようです。でも私たちがいるときは、けっしてそんなそぶりは見せませんでした。家にいてもいっしょに公園に遊びに行っても、輝仁《きらと》が健太郎にオモチャを貸すこともありませんでしたし、手をつないでリードすることもありませんでした。輝仁《きらと》にとって健太郎は、いっしょに遊ぶ仲間という感覚はなかったようです。

それどころか健太郎が手術から帰ってきた日などは、体の上に馬乗りになってしまって、怒られることもあったのです。私たちがあまりに健太郎を気にしすぎるので、嫉妬《しっと》もあったはずです。

ところがテレビの撮影で、小鳩会の集まりにいっしょに参加したときのこと。そこには輝仁《きらと》と同《おな》い年《どし》の健常児が参加していました。彼はお兄ちゃんがダウン症で、面倒見がいいのです。いっしょにみかん狩りに行ったときも、健太郎の面倒も一生懸命に見てくれました。

その場では、輝仁《きらと》はいつもと変わらないそぶりでした。ところが、放送の日にそのシーンを見てから態度が急に変わりました。健太郎の面倒を一生懸命に見てくれるようになりました。いろいろと世話をやいてくれるようになったのです。

放送中、あるコメンテーターが「お兄ちゃんの輝仁《きらと》君は健太郎君の障がいのことを知っているのでしょうか」と発言したシーンもありました。するとブラウン管に向かって、輝仁《きらと》が小さくこう言ったのです。

「知ってるよボクは。障がいのことは知ってるよ」と。

そのようすを見ながら、私は輝仁《きらと》のこともたのもしく思いました。客観的に自分の姿を見ることは、ずいぶん刺激があるのだなと感心したものです。

それ以降、輝仁《きらと》はいっしょに外出するときなど、健太郎の手を引いてくれるようになりました。健太郎が階段をあがるときには、後ろからそっと支えてくれることもあります。兄としての自覚が出てきたのでしょうか。

思えば輝仁《きらと》にとって健太郎は、幼いころから両親を独《ひと》り占《じ》めにしてしまう存在でしかなかったのかもしれません。1歳半のころから実家に1カ月もあずけられてしまう境遇に、やはりさびしさは感じていたでしょう。

けれど客観的に自分と健太郎、そして家族のことを映像で見ることで、「兄」という自覚が出たのだと思います。

同時に、テレビを見ながらこうも言っていました。

「あ、今度の放送はボクが中心だ」

それは同じドキャメンタリー番組の2回目の放送で、かなりの割合で輝《きら》仁《と》のことが取り上げられたときのこと。やはり幼いながらに、家族の中心が健太郎であることへの嫉《しっ》妬《と》もあったのです。この言葉を聞いてあらためて、私はここまでの年月は輝《きら》仁《と》にも試練のときだったのだなと認識したものです。

泣きたくなったら、泣いてもいい

わが家での撮影が終わり、いざ東京のテレビ局でアナウンサーやゲストの方と混《ま》じってスタジオ収録の日。

スタジオでは、まず出演者全員でモニターに映《うつ》る映像を見ることから始まりました。

それは、夫がホームビデオで撮《と》った健太郎の誕生の姿から始まったのです。私は生まれたばかりの健太郎の姿をあらためてモニターで見て、がまんができなくなってしまいました。客観的に自分と健太郎の姿を見たとたんに、ぽろぽろぽろぽろ涙がこぼれてきて、せっかく施《ほどこ》してもらったメイクもぼろぼろになってしまったのです。

「松野さん、大丈夫ですか。収録を中断しますか？」

取り乱した私を見てスタッフの方が声をかけてくれますが、自分では感情をおさえようがありません。

誕生したばかりで鼻からパイプを通された健太郎。手術前で手足がどす黒い状態の健太郎。大きな布で顔を隠しながら公園に行ったときの健太郎。手術室に入る直前、けなげにバイバイをする健太郎。

それらの姿を見るたびに、私のなかには当時の感情が一気に込み上げてきて、涙が止まらなくなってしまったのです。

健太郎の姿の裏には、私自身も映《うつ》っていました。生きていてほしいと願いながら、なんでこんな子を産《う》んでしまったのかとも思っていた自分。手術が成功しますようにと願いながら、絶対にこの子のことは世間に知られてはいけないと思っていた自分。

手術の成功を喜びながら、健太郎の生きる力を信じていなかった自分。

ビデオの映像からは、そんな私自身も透《す》けて見えてきます。

スタジオで私は自分の世界に入ってしまって、涙が止まりませんでした。


同時にあらためて思っていました。

私が人前で泣くのは、本当にめずらしいことだな、と。

私はそれまで、私が生きてきた勝負の世界では絶対に泣きませんでした。涙なんか見せたら、負けを認めたようなものです。健太郎を産んでからも、私は人前では泣きませんでした。涙を見せたら、人は「どうしました？」と聞いてきます。そこから健太郎のことがわかってしまうと思っていたのです。

私が健太郎のことで手放《てばな》しで泣けたのは、このスタジオが初めてでした。

泣きながら私は思っていました。

あぁ、これからは泣きたいときは泣いていいんだ、と。

きつくなったら誰かに甘えてもいいし、人に頼ってもいい。今なら小鳩会の皆さんもいるし、こじか園の人もいる。何より私には健太郎がいる。何があってもニコニコと笑顔を絶やさない、太陽のような健太郎がいるじゃないか――。

そう思えたのは、私にもテレビの力が大きかったと思います。健太郎のすべてを撮影してもらい、洗いざらい話す覚悟ができたことで、私は過去をふっきることができたのです。

スタジオでの涙は、その訣別《けつべつ》のしるしだったと思います。

人に甘えても、いいんだね

「松野さん、テレビを見たよ。何かあったら手伝うから、気軽に言ってよ」

放送があった次の日、私たちが駅から自宅に向けてタクシーに乗ると、何も言わないのに運転手さんがそう声をかけてくれました。

「何も知らずにごめんねぇ。大変だったのねぇ。でもがんばってね」

近所のおばさんも、やさしく話しかけてきてくれます。

ゴールデンタイムでの1時間の番組だったからでしょうか。まるで私たちの周囲では視聴率が100%だったかのような大反響なのです。しかも皆さん、あたたかな声をかけてくださいます。私たちには、とてもうれしい言葉でした。

もちろん以前の私だったら、人様から同情の声をかけられたら、それだけで拒絶していたはずです。体を固くして、話しかけられないような拒否のオーラを出すのが常でした。ところが放送後の私は、そんな不快さは感じませんでした。むしろ誰の言葉もやさしく響いて、感謝している自分がいました。

――あぁ、人生はこんなにも楽なのか。

そうも思いました。泣きたくなったら泣けばいい、きつくなったら人に甘えてもいい。勝ち負けだけが人生じゃない。

そう思えるようになったことで、大きな変化があったのです。

「松野さん、今日の講演の後半は、息子さんの子育てのことを話していただけませんか」

仕事で講演に行くと、そんな声もいただくようになりました。

もともと私は講演台本などはつくらずに、その日の会場の雰囲気とお客様の反応で話を進めるタイプですから、健太郎のことは即興でも話せます。産《う》んだ当初の後悔のこと。心臓手術のこと。高い壁のこと。そしてそれを解消してくれたのが、健太郎自身の力だったこと。

そういうことを話すと、皆さんも共感してくださるようです。山形の看護師さんの集まりや福岡の子育ての会で健太郎のことを話すと、会場中が熱心に聞いてくださいました。その反応も、私にはうれしいものでした。

走ることがこんなに楽しいなんて

何よりも変わったのは、毎日続けているジョギングでした。

「健ちゃんは元気？」

走っている最中、すれ違う人にそう声をかけられることが増えました。

それまでの私だったら無愛想《ぶあいそう》に黙礼するだけでしたが、最近は違います。

「ありがとうございます。元気ですよ～」

にこやかに手をふって、笑顔を返すことができるようになったのです。

それだけではありません。

前と同じコースを走っているのに、最近では季節の花の美しさ、鳥のさえずり、子どもたちの歓声、そういうものを五感で感じられるようになったのです。

――走るってこんなに楽しかったのね。

そう実感したのも、この年になって初めてのことでした。

「こんにちは、今日もいい天気ですね～」

最近では走りながらすれ違った人に、私のほうから挨拶しています。以前のブスッとした私の走りを知っている人は、逆に驚いています。いったい何があったのか。人が変わってしまったのか。あぜんとした、そんな表情で見送ってくれる人もいるほどです。

いえ、ある意味で私は、本当に生まれ変わったのです。

なぜなら今は、こう思っている松野明美がいるのですから。

——100メートルの競争をしても、苦しくなったら立ち止まってもいいじゃないか。みちくさ食ってもいいよ。回復したらまた立ち上がって、そこから走りだせばいいじゃないか。1番じゃなくていいんだよ。自分のペースで走ることが一番大切なんだよ、と。

このことを教えてくれたのは、ほかでもない、健太郎でした。

——競争で勝つことしか頭になかった私に、健太郎はもっと中身の濃い人生を教えてくれた。人生は人との競争じゃない。ゆっくりでもいいから、自分の夢を追い続ける人生がすばらしいんだ。

人間にとって一番大切なものを、私は健太郎に教えられたのです。

だから健太郎は私の恩師です。私の人生の恩人です。

健太郎が生まれてこなければ、私は一生、勝負にこだわった狭《せま》い生き方しかできなかったに違いありません。

人間として本当に大切なものに気づかないで過ごしてしまったはずです。

生まれてきてくれて、ありがとう

やがてやってきた健太郎の5歳の誕生日。私は、日ごろ思ってはいてもなかなか口にはできない気持ちを、手紙にして健太郎に贈ることにしました。私の感謝の気持ちを伝えたかったのです。

「健太郎へ

心臓の手術が終わり、早いですね、2年半が過ぎました。胸の傷もだいぶ薄くなりましたね。本当にこんなに元気になってくれて、ママはとてもうれしいです。

あのつらかったころから考えると、本当に今はしあわせです。これから先は小学校、中学校、高校と大きくなっていってくれると思うけれど、人より足が遅くても、テストでいい点を取れなくてもいいですよ。健太郎のペースでゆっくりゆっくり、前進していってください。パパやママは健太郎の成長を見守っていきます。健太郎、ありがとう。よくこんな小さな体から生まれてきてくれたね。これからもどうぞよろしくね。

ママより」

この手紙を読み終えたとき、健太郎はいつものとおり「ニッ」と微笑《ほほえ》みながら、私に抱きついてきてくれました。私はその体を、そっと抱きしめました。こうつぶやきながら。

ありがとう、健太郎。私を選んで生まれてきてくれて、本当にありがとう――。

エピローグ　喜びのなかを、走る……

走ることがこんなに楽しいなんて――

「あら松野さん、10キロレースに出られるんじゃなかったんですか？」

二〇〇九年の正月のこと。私は沖縄県那覇《なは》市で開かれた「第30回海洋博公園トリムマラソン大会」の会場で、大会の主催者からそう声をかけられました。

この日、大会のゲストとして招かれた私は、最長の10キロ・レースではなく、子どもたちや親子連れが参加する3・5キロのレースに出場することにしたのです。マラソン関係者には、松野明美はいつも最長レースに出てぶっちぎりのトップを走ることが常識になっていましたから、この日の選択が不思議に思われたのだと思います。

私は笑顔で答えました。

「そうなんですよ。今年はゆっくりと、子どもたちと触れ合いながら走りたいと思って、ここに来たんです～」

この日の沖縄は快晴でした。熊本を出るときは肌寒《はだざむ》かったのですが、冬とはいえ南国の太陽の下では、スタート前に少しアップをするだけで汗がにじんできます。真《ま》っ青《さお》な海と空、大きな太陽、そして約5000人のジョギング愛好家たちの笑顔。こんなに気持ちのいい大会はありません。

私にとってこの大会は、初めてづくしでした。

初めて子どもたちといっしょに走ること。それはとても楽しみでした。

そしてもうひとつ、この日の観客席には、初めての応援団がいたのです。

「健太郎～、輝仁《きらと》～、行ってくるからね～」

この日私たち夫婦は、健太郎を初めて飛行機に乗せて、家族4人で沖縄にやってきました。健太郎に初めての海の風景をプレゼントしようと思ったのです。お兄ちゃんの輝仁《きらと》も、家族全員での初めての3泊4日の旅行に興奮気味《ぎみ》です。

もちろん健太郎は笑顔全開。観客席でも大喜びでした。

沖縄での1コマ。輝仁（きらと）はお兄ちゃんとしての自覚が芽生えてきたみたい。
自分から手をつなごうとしなかったあの子が、自然と健太郎の手をとっていました。

夫が一番気に入っている写真。初めての海でしたが、お父さんの手をしっかりとつかむ健太郎は、こわがっていません。何にでも興味を示す彼はとってもうれしそう！

「健太郎君でしょ。テレビで観《み》たよ。今日はお母さんの応援なの？　いいねぇ」

スタンドで健太郎は、大勢の人から声をかけてもらっていました。

いつのまにか、健太郎は人気者です。声をかけてもらうたびに、とびきりの笑顔をふりまいて、うれしそうにしています。気づいてくれる方の心を和《なご》ませる、誰とも友達になってしまう、そんな力を健太郎はもっているようです。

スタート直前、私は観客席に立ちよって、健太郎と輝仁《きらと》を「行ってくるよ〜」とハグしてからスタートラインにつきました。

ゆっくり走る喜び

スタートの合図が聞こえてからも、私には初めての体験ばかりでした。

走りながら子どもたちが寄ってきます。

「どうやったら速く走れるようになるんですか？」

走りながらそう質問してくる子もいます。

いつもなら、参加者と会話など交わさずに、ひたすらトップを走り続けるのが私でしたが、この日は違いました。子どもたちの質問に答えながら、ゆっくりゆっくり走ったのです。

「あのね、手は生《なま》卵を持つように軽く握ってね」

「脇《わき》は締めるんだよ。両手を大きくふると、その反動で体が前に出るでしょう」

「腕を引くときに少し力を入れようかな」

などなど、私のアドバイスに、子どもたちは無邪気《むじゃき》に反応してくれます。私のまわりには子どもたちが大勢集まってきて、まるで女王バチを中心としたミツバチの一団が走っていくようなありさまです。

子どもたちがこんなに喜んでくれる姿は、私には初めての体験でした。

走りながら私は、思っていました。

「こんなに楽しく走れる日が来るなんて――」

これもまた、健太郎が私にくれた、とびきりのプレゼントだったのです。

驚くほどの成長

こじか園に通い始めてからもう約1年半。

最近の健太郎は「元気元気」のひとことです。

それまでは乳児が発するような言葉でしたが、少しずつ言葉が出るようにもなりました。まだパパやママという単語は出てきませんが、人と別れるときは「バイバイ」

「バイバイ、タッチ」

と言って、てのひらでタッチをするようになりました。

童謡も大好きです。テープを流すと、いっしょに口をあけてパクパクさせています。まだ思うように発音はできませんが、体を揺すって踊《おど》っています。

ビデオでは「トムとジェリー」の大ファン。驚くことに、ビデオを流すとその場面を見ながらトムやジェリーになりきって、真似《まね》をするのです。しかも画面に背を向けて私たちのほうを見ているのに、トムやジェリーの動きをそっくりに真似します。つまり音楽や台詞《せりふ》とともに登場人物の動きをおぼえていて、それを私たちに見せてくれるのです。

トムがボタンを押すシーンでは健太郎もボタンを押すし、踊るシーンではいっしょに踊ります。このシリーズはＤＶＤが10枚以上あるにもかかわらず、すべてをおぼえているのですから大変な記憶量です。

テレビで放送される「おかあさんといっしょ」の体操シーンも同様です。テレビを背にして私たちのほうを向きながら、体操のお兄さんと同じ体操を始めるのです。音楽やリズムで動きをおぼえているのでしょう。

すごい記憶力。私たちは、この能力はいったいなんなんだろうと不思議に思うばかりです。

テレビやビデオの機械の使い方もじょうずです。

手術前や入院中は寝たきりでしたから、健太郎にはテレビやビデオが一番のお友達でした。そのころからビデオをじょうずに出し入れして、スイッチも間違いなく押すのです。2歳くらいから、そういう能力はすぐれていたと思います。

健常児はそのころから言葉でのコミュニケーションが始まるものですが、健太郎は体全体を使ってコミュニケーションしているのだと思います。

健太郎の朝は7時半か8時ごろに始まります。ひとりで起きて、ベッドの上でおとなしく私たちが迎えにくるのを待っています。おとなしくひとりで遊んでいるので、私たちが気づかないほどです。

朝食はご飯に具だくさんのみそ汁。野菜は1センチ角に細かく切って、食べやすくしています。

そのあと、こじか園に行って1〜2時間過ごし、お昼にはカレーを食べるのが好きです。行きつけのレストランで子ども用のあまり辛《から》くないカレーを選んで、200グラムは食べてしまいます。

お店ではひとりでスプーンを扱います。でも家ではなかなかそれができません。やはり私たちに甘えてしまうのでしょうか。

夜は二度炊《だ》きしたやわらかいご飯。おかずは肉じゃがとか、普通のものです。私たちが食べるものをやわらかくしたり細かく切ったりして食べさせます。根野菜は食べられるのですが、葉ものをかみきるのが苦手。そこがこれからの課題でしょうか。

できるだけ多くの経験を

この原稿を書いている最中、私たちは健太郎を初めて保育園に連れていきました。一日体験保育です。このときも驚きました。同じ世代の子どもが大勢いて、それが刺激になったのでしょう。ふだんはあまり好きではない帽子《ぼうし》も、健太郎は自分から進んでかぶっていきました。

園には、ひとりだけ真っ白な雑巾《ぞうきん》をもった女の子がいましたが、健太郎が行ったことで、その子はふだんはけっしてやらなかった雑巾がけを始めました。健太郎の目の前で得意気な表情でした。新人に対して先輩としての格を示したかったのでしょうか。

こんな変化もまた、集団教育のメリットだと思います。

この先、健太郎がまたまたどんな成長を見せてくれるか楽しみです。


もちろん、年齢が進めば、健太郎には大きな課題が控えていることは確かです。

小学校に入学してからも、いろいろな壁があると思います。

普通学級に行けるのか、特別支援学級に入るのか、あるいは特別支援学校にするのか。たくさん悩み、たくさんの方々に相談にのっていただきました。

その結果、この春から、健太郎は、輝仁《きらと》と同じ小学校に行けることになりました。

小学校へはお兄ちゃんの輝仁《きらと》が、「ボクが健ちゃんの手を引っぱって行く」と言ってくれています。

健太郎は、おじいちゃん、おばあちゃんからプレゼントされた、小さな体にはまだ大きすぎるランドセルを背負って、ニコニコしながら家の中を歩き回っています。きっと、小学校へ上がるのが楽しみなのでしょう。

いずれにしても私たち夫婦は、健太郎の力を信じて、できるかぎりの教育を受けさせたいと思っています。

最近ではダウン症児の絵画活動にも注目が集まっていると聞きました。絵を描《か》かせるのもいいな。健太郎にはなるべく多くの経験をさせたいと思っています。

そのなかで健太郎がどんな変化・成長を見せてくれるか。

それが私たち家族の最大の楽しみなのです。

子どもの力を信じる

「松野明美様　松野さんのお子さんがダウン症だということを知り、メールをしました。じつは私の甥《おい》っ子がダウン症なんです。同じように心臓疾患《しっかん》をもっていて、3度手術しました。私は独身者なのですが、本当に甥っ子は元気をくれます。

(中略)松野さんの告白は、正直、ダウン症の子どもをもつ親に勇気を与えたんじゃないかと思います。いつも笑顔の松野さんがこんな現実を抱えていたなんて。そう思う人も多いと思います。松野さんもがんばってください」

テレビ番組で健太郎のことをカミングアウトしてから、私のホームページにはたくさんのファンの皆さんからメッセージが飛び込んできました。その多くは、私の告白を好意的に受けとめてくださっているようです。

なかには、私と同様、子どもの障がいを隠している人からのメールもありました。

「わが子は健太郎君と同《おな》い年《どし》です。自閉症《じへいしょう》です。そして私もまわりにはいっさい隠しています。近所の公園へも『誰にも会いませんように』と祈りながら出かけます。内心いつバレるか、ひやひやハラハラの連続です。(中略)世の中にはいろいろな人がいて、偏見《へんけん》がこわいです。松野さんの『ずっと隠していた』という気持ち、少しわかる気がします」

こういうメッセージをいただくと、自分でも考え込んでしまいます。

——早く周囲にも告白して、重い荷物をおろしたほうがいいのになぁ。

少し前までの自分の姿をダブらせて、今はそう思っている私がいます。


先日は公園で、車椅子《くるまいす》に乗っている障がいをもったお子さんのご家族を見かけました。重い障がいのようで、私がちょっと挨拶《あいさつ》をしようかなと思って近づくと、避《さ》けるようにされるのです。

——以前の私のように、ふれられるのが嫌《いや》なんだろうなぁ。

そんな経験をするたびに、最近では私はこう思うようになりました。

——障がいをもっていても、堂々と前を向いて歩いてほしい。そしてその歩みを助けるような制度のある国になってほしい。

そのために私にできることは何か。

そう考えたときに、私自身の歩みを、皆さんに読んでいただけないかと思うようになったのです。

それがこの本の執筆の動機です。私自身の歩みを赤裸々《せきらら》に語ることで、障がいという現実に負けそうな人たちにも、勇気をもってほしい。独《ひと》りよがりな壁をつくらずに、子どもの力を信じて、1歩前に進んでほしい。子どもだけでなく、その親も周囲のおとなたちも変わってほしい。そう願いながら、書いてきました。

あの沖縄で見たような、真《ま》っ青《さお》な空が誰の心のなかにも広がってほしい――。

それが今の私の願いなのです。

大変です。でも楽しいです

沖縄のレースでは、走りながらいろいろな方から声をかけられました。

「あら松野さん、まだ走っているの?」

「松野さん、ゴールしたのに逆方向に走ってどこ行くの?」

そんな声もかけられました。

私は一度ゴールに入ってからも逆走して、遅いランナーといっしょにゴールを目指しました。なかには車椅子《くるまいす》のランナーもいます。写真を撮《と》ったりおしゃべりをしたり、心地よい海風を感じたり、コースわきの花をめでたりしながら、何度も何度もコースを行き来したのです。

――あぁ、こういう走り方もあるんだな。

周囲の人たちと友達になって走りながら、私はあらためて気づきました。

なかにはいきなり隣《となり》にやってきて、

「明美ちゃん、大変ね」

と言って、走りながら涙ぐんでいる人もいました。

きっとテレビで健太郎のことを観《み》てくれた人だと思います。以前の私だったら、こんなふうに声をかけられたら無言のままにスピードをあげて、ぶっちぎっていたことでしょう。

でも今は違います。

そういう人と出会えることがうれしいのです。このひとことで、この人が何を言いたいのか、どんな気持ちで寄り添ってくれたのかがわかります。

私は走りながらその人を抱きしめて、こう返していました。

「そう、大変なんですよ。でも、楽しいんですよ！」

こんなに走るのが楽しいとは思わなかった。

こんなに人生が楽しいとは思わなかった。

健太郎のおかげで、私はその喜びを手に入れることができました。

今私は、喜びのなかを走っていることを、しみじみと感じています——。

いちばんじゃなくて、いいんだね。

発行日 2010年2月18日　第1版第1刷
2015年8月8日　第1版第2刷

著者　松野明美
装幀　阿形竜平＋平井さくら＋ドニー井上
撮影　塔下智士
構成　神山典士
編集協力　バクハウス
写真提供　時事通信社（P21）
共同通信社（P105）
編集　高橋克佳／齋藤和佳
発行人　高橋克佳
発行所　株式会社アスコム
〒105-0002　東京都港区愛宕1-1-11　虎ノ門八東ビル
編集部　TEL：03-5425-6627
営業部　TEL：03-5425-6626　FAX：03-5425-6770
印刷　中央精版印刷株式会社

Printed in Japan ISBN978-4-7762-0584-5